JN032568

ずっと快適な

家の選び方、つくり方、暮らし方

住まい大全

How to choose, build, and live in a house

平松明展

KADOKAWA

はじめに

快適に過ごせる家とはどんなものなのでしょうか？　一人ひとりにさまざまな希望の条件があると思います。

私は〝家づくりは人生づくり〟だと考えています。人それぞれの人生、価値観があるように、家にもその人だけの答えがあると思います。極端な話、何億円もする豪邸でも人によっては満足できないことがあり、30坪の平屋でも快適だと感じる人もいます。家の価値は大きさや高級な建材だけではかれないのです。

さまざまな事例を見てきましたが、満足している人もいれば、残念ながら後悔している人もいます。その違いはなにかというと、個々人のライフプランに適した家であるかどうか、またその適合性が長期にわたるものであるかどうかということだと思います。

理想を現実にしていくためには資金繰りを含めたライフプラン（人生計画）をつくり、持ち家か賃貸か、戸建てかマンションか、平屋か総二階か、建売住宅か注文住宅か、また立地や間取り、建物の性能やデザインなど、さまざまな選択を行っていきます。

本書では、その選択に役立つ情報をできる限り盛りこみました。次のような悩みや要望を持っている人にぜひ参考にしていただきたいです。

・住宅購入で後悔したくないが、勉強すべきことがわからない
・ローン返済や将来の生活が不安で、住宅購入に踏み切れない
・古くなった住宅のリフォームポイントを知りたい
・ネット情報に惑わされず、我が家に必要な設備を知りたい

どんな家でも維持するのは大変ですよね。光熱費はどんどん上がり、メンテナンスにもお金がかかります。大切な人生の基盤である住まいで後悔したくないのはみなさん同じ気持ちでしょう。

では、安心安全に家族と幸せに暮らせ、貯金もできて老後に不安もない住まいが手に入るとしたらどうでしょうか？

私は静岡県磐田市《いわたし》で平松建築という住宅会社を経営しています。2009年の創業前は大工として新築、解体、修繕などに関わってきました。

ここで感じたのは、お客さまが満足できる家をつくるには、職人としてだけでは限界があるということ。「こっちの間取りのほうが生活しやすいのに」「あのお宅ではこの資材や設備を取り入れたらよかった」と、住まいを提供する立場でありながら後悔することが多々あったのです。それはお客さまにとっても不利益になること。人生で一度の大きな買い物なわけですから、つくり手が自信を持てないということはあってはなりません。

それから建築士などの資格を取り、法人を立ち上げてからもライフプランニングや住宅に関するあらゆることの勉強を続けています。

家を建てるともう一度家を建てたくなるということをよく聞きます。ただ多くの人にとってそれは難しいことでしょう。まずは本書

はじめに

のプロローグで紹介している、家づくりのさまざまな選択をお読みください。
その後の各パートでは、私がこれまで経験してきた事例をもとに、読者のみなさまが快適な家を手に入れるためのポイントを紹介しています。
また、すでに持ち家がある人もそのポイントをリフォームやリノベーションにいかし、住まいをアップデートすることもできるかと思います。

本書を読み進めながら、みなさんの理想とする家の像が描かれ、その家で暮らす自分や家族を想像していただけたら幸いです。

平松《ひらまつ》 明展《あきのぶ》

contents

Part 3

高性能住宅とはなにか

～よい間取り、不要な設備を見極める

○本書は２０２３年11月現在の情報に基づき編集しています。
○本書に掲載されている価格、名称、制度内容などは今後変更になる場合もあります。
また、図表で出所の記載がないものは、著者が代表を務める平松建築株式会社の事例やシミュレーションをもとに掲載しています。

Prologue

家づくりは選択の繰り返し

費用と快適な暮らしを同時に考える

「住めば都」という言葉がありますが、住み始めて後悔した声もよく聞きます。衣食は1回の購入額が住宅に比べて少額のため、買い物時のプレッシャーも弱いでしょうが、住宅は多くの人が人生で1回の購入で、しかも高額のため判断に迷いますね。ここで視点を変えてみましょう。総務省の家計調査（2022年）によると、総世帯の食費の平均は1か月で6万7937円。70年間の合計で約5707万円となります。住宅にかかる費用とさほど変わらないと思いませんか？

となると少しでもお得な買い物をしたいですよね。住宅を手に入れる際に**最も重要視したいのは、豊かな暮らしの実現**です。その中に費用のウエイトがあると思ってください。実は**費用と快適な暮らしを同時に考えることができます**。そのためには適切な選択が必要です。選択の回数は膨大ですが、一つひとつ向き合ってみましょう。

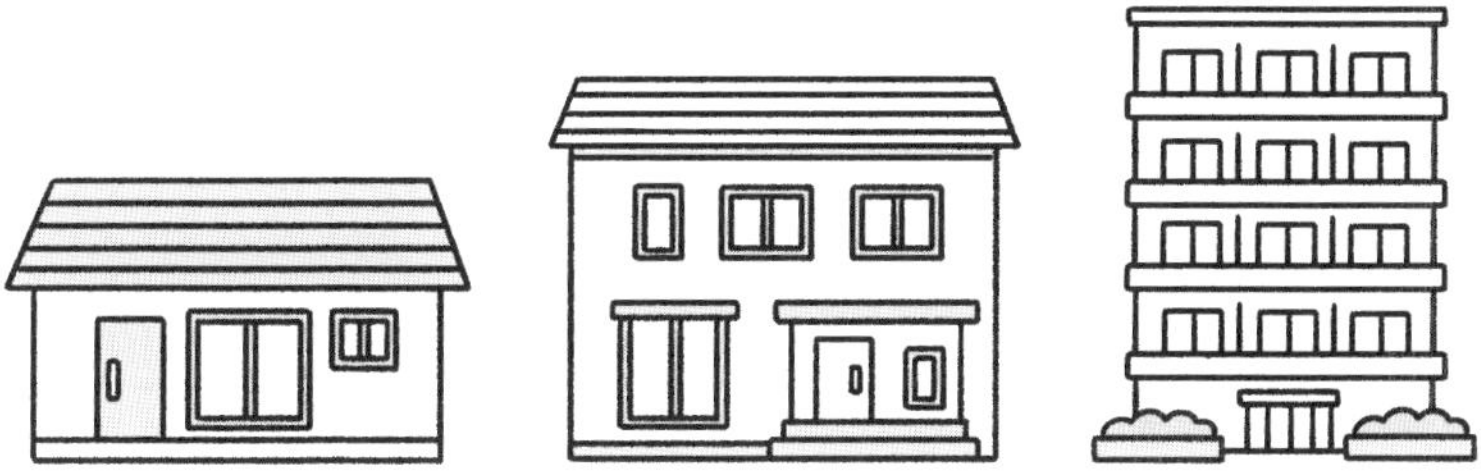

選択 1 戸建て or マンション

選択 2 持ち家（戸建て） or 賃貸（アパート）

選択 3 建売 or 規格 or フルオーダー

選択 4 平屋 or 総二階 or 3階建

選択 5 低性能住宅 or 高性能住宅

選択1 戸建て or マンション

戸建てをつくっている私としては戸建てを推すのが道理に合っているでしょうが、すべての人に戸建てをおすすめするわけではありません。**住む場所、住み方、家族構成、将来の予定、好みなどは人それぞれ**で、どの判断が正しいかは一概にいえません。大切なのは、**自分の希望を叶《かな》えるために正しい選択ができているかどうか。**住宅にかける費用を抑えたいと思ってマンションを選んだのに、戸建てのほうが安かったという結果になると、それは間違った選択といえますよね。

次の表を見てください【表1】。購入を考えた際、戸建てもマンションも物件によって条件は違いますが、傾向としての参考にはなります。土地価格と建物価格の初期費用だけで比較した場合と、維持管理費などを加えたトータルコストで比較した場合とでは、印象が変わりますよね。

しかし決断するのは早計です。本書では根拠を持って選択ができる情報をお伝えします。

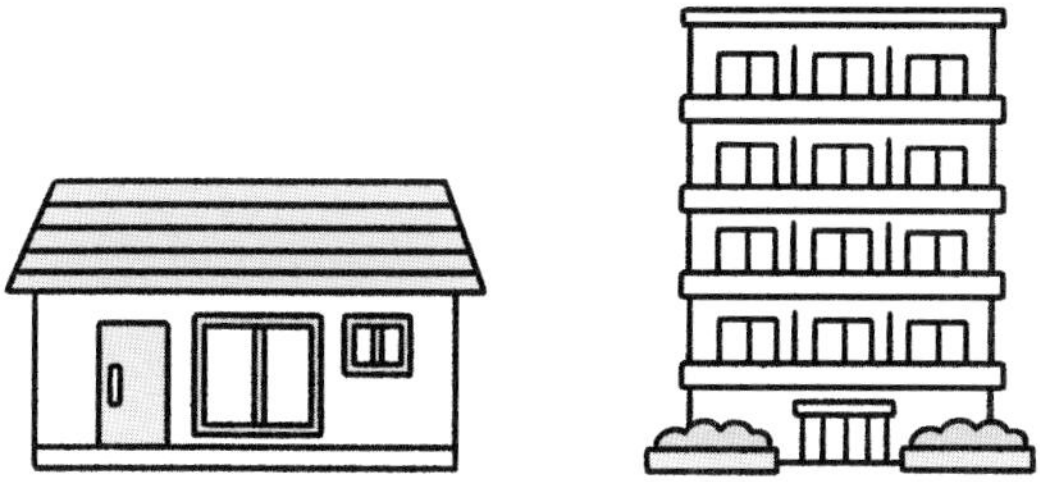

【表1】戸建てor マンションのコストシミュレーション例(35年想定)

単位:万円

	マンション	戸建て	高性能戸建て
土地価格	500	2,000	2,000
建物価格	4,028	2,455	3,500
金利(1.5% 35年均等返済)	1,294	1,273	1,572
光熱費	840	1,260	420
メンテナンス費用	210	840	420
修繕積立金	840	0	0
管理費	630	0	0
太陽光発電	0	0	−672
固定資産税	700	420	525
売却予測額	−1,528	−2,000	−2,716
トータルコスト	7,514	6,248	5,049

※太陽光発電と売却予定額は、トータルコストから差し引くためマイナス表記としている。

選択 2

持ち家（戸建て）or 賃貸（アパート）

人生100年時代といわれますが、仮に30歳で住宅を手に入れる設定で70年先までを見てみましょう。次の表は持ち家（戸建て）と賃貸（アパート）それぞれで70年間にかかる費用を一覧にしたもの【表2】。戸建ての場合、購入費だけでなくメンテナンスコストや固定資産税が発生します。ところが、**光熱費は戸建てのほうが安い。**太陽光発電を設置すれば売電による収入も得られます。もちろんこれは**高性能の住宅であることが前提**ですが、トータルで見ると1900万円も戸建てのほうが得したことになるのです。ローン減税の処置を受けられるのも大きなポイントです。

自分のこだわりを反映した家なら住み心地もよいでしょう。ただし、デメリットもあります。それは**施工の不備や災害など持ち家の価値が変わるリスクがある**こと。賃貸は建物を所有していないので、そのリスクがありません。判断に迷うところですが、リスクを最小限にできる住宅をつくれるとしたらどうでしょうか。本書ではその秘訣《ひけつ》をお伝えします。

【表2】持ち家（戸建て）or賃貸（アパート）の費用の比較例（70年想定）

単位：万円

	持ち家（戸建て）※高性能住宅の場合	賃貸（アパート）
家賃	0	6,700（月約8万×70年）
建物価格+土地価格	5,000	0
金利	1,000	0
光熱費	800	2,400
太陽光発電	−800	0
メンテナンス	800	0
固定資産税	800	0
ローン減税	−400	0
合計	7,200	9,100

建物も土地も残ったまま！

── こんな人に適している ──

持ち家（戸建て）

・定住する（転勤、転校がない）
・生活の質を高めたい
・庭を楽しみたい
・将来リフォームする可能性がある

トータルコストを抑えられ、
快適な暮らしを送れるが、
住宅の損傷などのリスクもある。

賃貸（アパート）

・転居する（転勤、転校がある）
・規定設備で十分だ
・庭の管理が億劫《おっくう》だ
・条件次第で別の物件も探したい

住宅の損傷などのリスクはないが、
トータルコストが高くなり、
条件の範囲内での暮らしとなる。

選択3

建売 or 規格 or フルオーダー

好きなお店を選んで好きな物を食べる、バイキングで気に入った物を好きなだけ選ぶ、板前やシェフに要望を伝えてつくってもらう。外食をする際、さまざまなスタイルがありますよね。戸建てでは**建売、規格住宅、フルオーダー**という入手方法があります。**フルオーダーは注文住宅ともいい**ますが、規格住宅も含めて注文住宅とされることもあるので、混同を避けるためにフルオーダーの名称でお話しします。ちなみに規格住宅とフルオーダーの間にセミオーダーという位置づけの戸建てもあります。

どれが満足度の高い戸建てかは、人それぞれの受け止め方があります。住宅会社による質の違いもあります。思い描いたとおりの建売に出会えたら費用を抑えられ、すぐに住み始められるのもメリットですが、その可能性は低いでしょう。

家づくりでは気をつけることが多数。本書では特に重要となるポイントを説明していきます。

完成形で判断できる
建売住宅

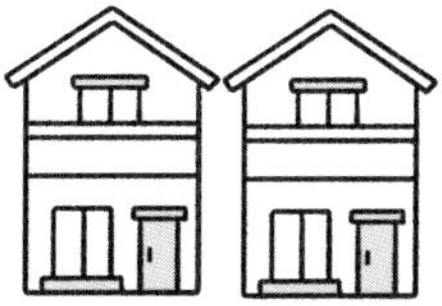

初期費用:低　こだわり:低

洋服や家電製品などと同じように、完成した状態で品定めできるのが最大のメリット。構造設計や建材の費用が抑えられる分、初期費用も低め。構造、性能、設備、間取りなどを選択できないため、オリジナリティは求められない。

組み合わせでつくる
規格住宅

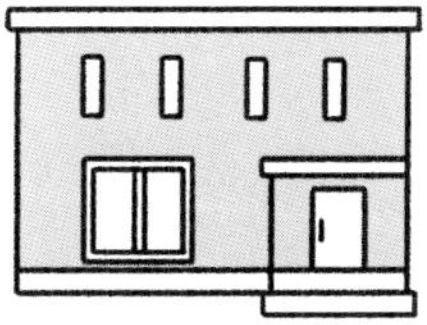

初期費用:中　こだわり:中

構造、性能、設備、間取りなどいくつかの種類が設けられ、それぞれを選びながらつくっていく。オプションをつけられる場合もあり、住宅会社によっては一部のみをオリジナルの注文にし、セミオーダーとしての戸建てにもできる。

ゼロからつくる
フルオーダー

初期費用:高　こだわり:高

構造、性能、設備、間取り、あらゆるものに要望を出しながらつくり上げていくため、こだわりが強い人にはおすすめ。その分、時間と費用は要するが、敷地に合わせたパッシブデザイン(206頁参照)を取り入れるメリットもある。

選択
4
平屋 or 総二階 or 3階建

家には土地がつきもの。土地の条件次第で建物の構造を変えていくケースもあります。当然建坪を大きくすれば費用もかかります。30坪の平屋、15坪の総二階では延床面積はほぼ同じ。3階になればさらに大きな延床面積になります。平屋のほうが建材や施工工程が減って費用を抑えられるかというとそうでもなく、3階建より総二階のほうが地震に強いというわけでもありません。

また〝どう住むか〟という観点も関わってきます。地域によって地価が違うことも関係してくるでしょう。

どんな構造の家にするかは、家事動線をはじめとした住み方のほかに、実は**建物の性能をどうするかがとても重要**です。住む場所、住み方、性能に求めるものが整理されてこそ、それぞれの構造のメリットとデメリットが比較できます。本書では希望の優先順位をつけ、トータルバランスで考えられる構造について解説していきます。

ワンフロアで生活が成り立つ平屋

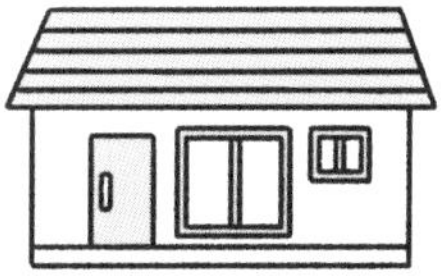

耐震性が高いことで注目され、平屋を選択する人が増えている。ワンフロアにすべての要素をまとめたことで、家事動線がよく、回遊性を考えた間取りにできるのも魅力。床面積を確保するために、また屋根が大きくなる分、広い土地が必要になる。

生活用途を区分けできる総二階

家族が多い場合や来客がある場合、プライバシーを守りやすい間取りにできるのが総二階。土地面積が限られていても床面積を確保できるのもメリットで、生活の変化によって部屋の用途を変更するなど柔軟性に優れている。

耐震基準をクリアした3階建

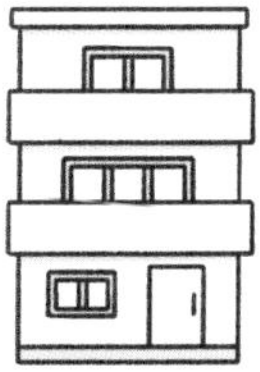

平屋や総二階と同じ敷地面積なら、延床面積が最も広くとれ、ゆとりのある空間をつくれる。3階建の場合、構造計算が義務づけられているため、むしろ安心できるとも考えられる。構造上、初期費用は高くなる。

選択
5
低性能住宅 or 高性能住宅

安心して快適に長い期間を暮らしていくには、住宅の性能が求められます。**長期にわたり良好な状態で使用するための措置が講じられた優良な住宅を「長期優良住宅」といい**、所轄行政庁に申請して認定を受けると補助金の対象になったり、住宅ローンの金利が低くなったりすることもあります。これは日常の暮らしを豊かにするとともに災害対策にもなり、その優位性がますます高まっています。

性能の種類は、地震対策になる**耐震性**、長期間品質を確保する**耐久性**、一年中快適な室温を実現する**断熱性**、湿気や結露対策、空気清浄をもたらす**通気性**や**気密性**があり、これらは**省エネ性にもつながります**。

これらの性能を高めようとすれば、もちろん初期費用はかかります。しかし、長期的に見た場合、**光熱費やメンテナンスコストを抑えられる**メリットがあります。これは住宅のコストパフォーマンスの肝となる部分で、本書ではその根拠を徹底的に紹介します。

快適性を生み出す家の性能

耐震性 ▷ 地震に耐える性能のことで、耐震等級(1、2、3の3段階)という判断基準がある。耐震等級1は、震度6強から7程度の地震に対しても倒壊、崩壊しない基準だが、繰り返す地震に耐えられるわけではない。長期優良住宅の認定条件は等級2以上(例外あり)。

耐久性 ▷ 構造材や基礎、外壁、内装、設備など建物の主要部分がどれくらいの期間耐えられるか、劣化に抵抗できるかといった性能。耐用年数の高い建材を使用していても、湿気や結露の発生で損傷し、またシロアリの発生で劣化することもある。

断熱性 ▷ 家の中が外気温に大きく左右されず、快適な温度を保つ性能。断熱性が高ければ冷暖房の使用が減り、省エネにつながる。断熱材を多く使用すればよいというわけでもなく、通気性や気密性を考慮したうえでのバランスが重要。

通気性 ▷ “風通しのよさ”だけではない。外壁などの建材選び、排気口の設置などによって空気のスムーズな移動を実現させる。気密性、断熱性とセットで考える必要がある。また、空気清浄の役割もある。

気密性 ▷ 気密性が高いとは、隙間がないことと考えてもよい。構造設計、高品質の建材、高い施工技術によって気密性を高められ、断熱性を高めることにもつながる。外壁などで気密性が低いと結露を招き、建物の耐久性を下げてしまう。

省エネ性 ▷ 建物の構造や設備によって消費エネルギーを抑える住宅を「省エネ住宅」ともいう。建築物省エネ法による基準もある。太陽光など自然のエネルギーを利用する設計手法を「パッシブデザイン」といい、注目されている。

低性能住宅

・初期費用を抑えられる
・光熱費がかかる
・メンテナンスコストがかかる
・修繕、建て替えが早まる
・売却時の価値が低い

高性能住宅

・初期費用がかかる
・光熱費を抑えられる
・メンテナンスコストを抑えられる
・高い施工技術が求められる
・売却時の価値が高い

ライフプランを作成する

私は**「家づくりは人生づくり」**だと思っています。いい家に住めばいい人生になるというわけではありません。最初にあるべき考えは、〝**どんな人生を送りたいか**〟もしくは〝**どんな人生になりそうか**〟だと思います。この**ライフプランをもとに家づくりをしていく**わけです【表3・4・5】。ライフプランにはリアリティが求められます。

人生にはお金が常に関わります。将来の収入と支出を想定してこそ、住宅にどれだけの費用を投じられるかが見えてきます。これを**マネープラン**ともいいます。また住む家族の人数によって家の広さや間取りは大きく変わってくるでしょう。

もちろん人生は計画どおりに進むわけではありません。ただ、計画があるのとないのとでは、家づくりについて回る選択の局面で大きな差が出ます。**ライフプランは不安を解消し、希望を見させてくれるもの**でもあります。みなさん、まず作成してみてください。

【表3】ライフプランの一例：現状の家計

■家族構成について

持家太郎（世帯主・男性）	19○○年○月○日生まれ　○歳
花子（配偶者・女性）	19○○年○月○日生まれ　○歳
一郎（長男）	○○○○年○月○日生まれ　○歳
桜（長女）	○○○○年○月○日生まれ　○歳

■現在の収入とローン返済を想定した支出（年間）

収入の部	
世帯主の収入	750万円
配偶者の収入	360万円
その他の収入	24万円
収入合計	1,134万円
税・社会保険料	▲252万円
可処分所得合計	882万円

支出の部	
生活費	260万円
住宅関連費	20万円
住宅ローン返済	165万円
支払保険料	60万円
子ども関連費	90万円
その他借入金返済	0円
使途不明金・余剰費	0円
支出合計（税・社会保険料除く）	595万円
貯蓄額	287万円
持ち出し分	0万円
支出合計	882万円

■金融資産について

現在の金融資産残高	計1,000万円

家計の状態を知ることが、
未来をシミュレーションする
もととなる。

【表4】ライフプランの一例：家族のイベントと支出

西暦	イベント	大きな支出	西暦	イベント	大きな支出
2024年	第一子小学校入学	入学費用	2048年	新車購入	新車費用
2027年	第二子小学校入学	入学費用	2050年	第一子結婚	結婚費用
2028年	新車購入	新車費用	2053年	第二子結婚	結婚費用
2030年	第一子中学校入学	入学費用	2054年	配偶者退職	
2033年	第一子高校入学 第二子中学校入学	入学費用	2058年	新車購入	新車費用
2036年	第一子大学入学 第二子高校入学	入学費用 授業料	2058年	自身の退職 住宅ローン完済	
2038年	新車購入	新車費用	2059年	リフォーム	リフォーム 費用
2039年	第二子大学入学	入学費用 授業料	2060年	自身の 公的年金開始	
2040年	第一子就職		2062年	配偶者の 公的年金開始	
2041年	銀婚式	海外旅行 費用	2066年	金婚式	海外旅行 費用
2043年	第二子就職		2068年	新車購入	新車費用

できるだけ詳しく作成することで
計画にリアリティが増してくる。

【表5】ライフプランの一例：老後の生活

単位：万円

退職後の必要自己資金（C+D）	65歳時点 1,984万円	70歳時点 1,984万円	75歳時点 1,937万円
A. 退職後の必要資金	13,082万円	9,871万円	7,567万円
生活資金	9,376万円	7,690万円	6,323万円
住宅資金	754万円	636万円	542万円
住宅ローン返済	1,889万円	758万円	126万円
支払保険料	0万円	0万円	0万円
子ども関連費	0万円	0万円	0万円
その他借入金返済	0万円	0万円	0万円
税金・社会保険料	1,063万円	787万円	576万円
その他の支出・使途不明金・余剰費	0万円	0万円	0万円
B. 退職後の収入予定額	10,434万円	8,112万円	6,164万円
夫婦の年収（勤労収入）	580万円	480万円	400万円
退職金	0万円	0万円	0万円
公的年金・雇用継続給付	8,283万円	6,917万円	5,764万円
私的年金	1,571万円	715万円	0万円
その他の収入	0万円	0万円	0万円
C. 不足資金（B-A）	−2,648万円	−1,759万円	−1,403万円
D.準備済資金（金融資産残高）	4,632万円	3,743万円	3,340万円

退職後に無理が出ない設計をしておくことで、
暮らしに余裕が生まれる。

ここで紹介した表はライフプランの一部です。すべてを揃えようとなると、それだけで疲弊してしまうかもしれません。そのためお客さまの家をつくる際、念入りにヒアリングを行い、ライフプランを一緒に作成していきます。

ライフプランにはリアリティが求められると先述しましたが、そこに**希望も盛り込みたい**ですよね。例えばウッドデッキをつけたいが予算オーバーする場合、〝あきらめる〟のではなく、ほかを変更して予算を浮かせることができます。もちろん建物の性能を落とすことはしません。

多くの人にとって人生で一度の家づくり。そこに夢があって当然です。**〝どうしても譲れない部分〟があってしかるべき**なのです。

その家に誰がどのように暮らしていくでしょうか？　パートナーや子どもがいる場合は、家族全員の希望も家づくりに反映したいですね。当社のあるスタッフは、自分のためにベランダにジャグジーを、奥さんのために薪《まき》ストーブを、子どものために庭に洗い場を設置しました。**家づくりは夢を描くところから始まります。**

Part 1

資産価値のある住まい

〜家の真価はトータルコストで見える

賃貸と持ち家のコスト比較

家賃8万円のマンションに32年間住み続けたら3000万円、42年で4000万円を超えます。もちろんこの計算だけで持ち家のほうがお得と、単純に判断できるものでもありません。ただある計算式で比較すると、どちらがお得なのか見えてきます。

○地価や家の性能によって将来のコストが変わる

他人の意見は参考までにしかならないことってありますよね。賃貸と戸建ての持ち家のどちらが得するかということもそのひとつです。なぜならまったく同じ条件で生きている人はいませんから。例えば生活のクオリティを考えてみましょう。小さな子どもがいる場合は生活音が気になるでしょう。持ち家なら賃貸マンションほど気にする必要はありません。また仕事の関係で引っ越しが多い人は、その都度、持ち家を手放すわけにもいきませんよね。引っ越しをしない場合でも、**その家にどれくらいの期間住むかで固定コストの捉《とら》え方が変わってきます。**

住む場所によっても比較結果は異なります。地価の高い都会では当然、土地代が高いので持ち家は賃貸より割高になります。**生活拠点が変化する、地価の高い場所に暮らすという人は、賃貸のほうが経済的**だといえるでしょう。一方で**地価の低い場所で生活拠点を固定できる人は、持ち家のほうがお得**です。ただし、持ち家といってもどれも一緒というわけではありません。

私は持ち家を**「ローコスト」**(＝**低性能**)**と「高性能」**の2種類に分けて考えています。どういうことかというと、断熱や耐震、資材などに費用をどれくらいかけたかで、長期的に見ると価値が変わってくるのです。結論からお伝えしますと、私がお得だという家は「高性能の持ち家」です。もちろんこれから解説することは参考内容ではありますが、腑《ふ》に落ちるところがいくつかあると思います。

○経済面を左右するランニングコストと税金

未来は誰にもわからないことですが、住まいを考えるときはある程度の人生設計が必要ですね。住宅ローンは一般的に35年が多いといわれているので、賃貸、ローコストの持ち家、高性能の持ち家の3つで1か月の支出額を比較してみましょう【表1】。比較対象となる項目は、**初期費用、ローン返済、家賃、光熱費、メンテナンス費用、太陽光費用、固定資産税、住宅ローン減税**です。近年、光熱費がどんどん高くなっており、家のつくりに深く関係しているので、住まいのコストとして捉えるとよいでしょう。

賃貸を基準にしたいと思います。8項目のうち支出が発生するのは家賃と光熱費のみ。仮に家賃8万円、光熱費2万円とすると、ひと月の支出は10万円です。敷金や礼金もありますが、これは建物自体の評価ではないので0円で換算しています。

ローコストの持ち家は、4000万円でつくった設定にします。35年ローン（固定

【表1】35年間を想定した1か月の支出での比較例

単位：万円

	賃貸	ローコスト持ち家	高性能持ち家
初期費用（土地価格+建物価格）	—	4,000	5,000
ローン返済	—	12	15
家賃	8	—	—
光熱費	2	2.5	1
メンテナンス費用	—	2.5	1
太陽光費用	—	0	-2
固定資産税	0	1	1.5
住宅ローン減税 ※13年間のみ	—	0	-2.5 ※長期優良住宅、低炭素住宅の場合
合計	10	18	14

金利1・5％）で考えると返済はひと月12万円。持ち家は賃貸より広くなることが多いので、省エネ対策をしていなければ光熱費も増えます。また、**ローコストの家は耐震性などの関係から住宅用太陽光発電**※**の設備をつけるのはおすすめできません。**メンテナンスは10年後とか20年後に多額の費用が発生しますが、それを積立で考えると、月々2・5万円くらい。固定資産税は月1万円と想定しておきます。

賃貸と違う点は住宅ローン減税ですが、2024年から省エネ基準を満たしていない住宅は対象外です。トータルで考えると18万円の支出ですので、賃貸より8万円高いことになります。もちろん**ローン返済後は、リフォームやメンテナンスのことを考慮しなければ12万円の支出がなくなるので、持ち家が圧倒的に経済面で有利**ですね。

次に高性能の持ち家で、5000万円（土地代込み）でつくった設定で考えてみましょう。ローンは15万円と増えますが、**充実した設備によって光熱費、メンテナンス費用とも抑えられています。**また太陽光による収入に加え、減税額も増えるので、トータルでは14万円と賃貸より高くなりますが、35年後にはローンの返済がなくなり、その

高性能住宅

耐震性、耐久性が高ければ太陽光発電を設置し、省エネ性も高められる!

後のライフプランが圧倒的に有利になります。これが**高性能の持ち家が経済面で最もお得だという数値的な根拠**です。

これはあくまでも一例で、実際に賃貸より年間で70万円もコスト削減ができたお宅もあります。

※**住宅用太陽光発電** ▽ 太陽の光エネルギーを電気に変換する装置を設置し、自家消費だけでなく、電力会社に売電もできるシステム。

○コスト追加、価値変動などを想定して熟考したい

35年のローン返済を想定して、そのとき自分が何歳でどのような生活をしているかを考えると、単純に比較できるものではありません。ローンを返済しても太陽光発電の設備などを刷新する可能性もあるでしょうし、リフォームすれば費用がかかります。よく木造建築は30年で価値がなくなるといわれますが、これは税制面で減価償却※の期間が22年と設定されていることも関係しています。

また、古くなることで価値がなくなると考えられることもありますが、日本の伝統文化財である建物を例にすると1000年以上も持っているものが少なくないですよね。これは日本の木造建築の技術が高い証明でもあります。**高い技術でつくられた高性能の家は、100年持ちます。30年、40年経っても価値があり、**そのときに売却するという選択もできるわけです。

ただし、数値だけではイメージがつかめない人もいるでしょう。大切なのは住み心

地。高性能とされる家を見学したり、宿泊体験したりすることで初期費用と将来的な価値のあり方が少しずつ腹落ちしてくると思います。

賃貸より持ち家のほうがお得というのは高性能であることが前提で、先述のとおり住む場所や期間によっても変わってきます。初期費用やローンだけで比較するのではなく、視点をたくさん持って総合的な判断ができるようにしたいものです。

※（建物の）**減価償却**▽建物の取得に際してかかった費用を法律によって定められた年数で分割し、毎年の経費として計上する方法。

ライフプランと住宅価値の変動

人生100年時代といわれますが、その場合、住宅の未来も考えなければなりません。というのも住宅の性能によって老後の財布事情が大きく変わってくるからです。その差額が1000万円以上もあるとしたら、注視せざるをえませんよね。

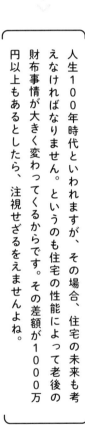

○購入時の費用差がのちに逆転することも

賃貸と持ち家のどちらがお得かというお話で、ローコスト住宅と高性能住宅について少し触れましたが、ここでは住宅の性能による費用の違いを見ていきたいと思います。わかりやすくするため、30歳で家を購入した人が100歳になったとき、**高性能注文住宅、高性能規格住宅、ローコスト住宅**の3パターンでどのような差が出るかを比較します【表2】。

表の㉒の数値は費用の総額を月割にした数値。高性能注文は8万円、高性能規格は6万7000円、ローコスト住宅は13万7000円です。表の⑲トータルコストを見ると、高性能規格とローコスト住宅では4000万円以上の差が出てきます。購入額の差が逆転するわけです。これは、**①初期費用、②ランニングコスト、③コストリスクの最小化、④出口を考えた資産という4つの要因が複合的に関係している**ことで生まれる変化なのです。

それぞれの項目を解説する前に、住宅ローンについて触れておきたいと思います。結論からいうと借入額と返済額はイコールではありません。把握しておきたいのは、家づくりにかかる「総額」、自己資金や補助金などを差し引いて算出される「総借入額」、金利などの返済条件から算出される「月々の返済額」です。これにメンテナンスコストや光熱費など含めて「実質返済額」を導き出します。この実質返済額を最小化するのに住宅の性能が深く関係しているわけです。

【表2】未来を考えた住宅コスト算出例

単位：万円

項目	計算方法	高性能注文	高性能規格	ローコスト
① 土地価格	地域の坪単価25万円×60坪	1,500	1,500	1,500
② 仲介手数料	(土地価格1500万円×3%+6万円)×1.1	56	56	56
③ 建物本体価格	必要坪数32坪×坪単価	2,880	2,144	1,600
④ 付帯工事	300万円+地盤改良0万円+水道引き込み50万円+ 各種申請費用0万円+造成費用0万円 (構造計算・長期優良なしなら−60万円)	350	350	290
⑤ 太陽光発電	太陽光設置量10kW×25万円	250	250	0
⑥ オプション	外構費用150万円+エアコン20万円+ カーテン20万円	190	190	190
⑦ 登記費用	表示・保存・抵当権定置登記目安35万円程度(+分筆登記70〜80万円)	35	35	35
⑧ 自己資金	自己資金100万円+贈与資金100万円+ 補助金0万円	200	200	200
⑨ 合計借入額	①+②+③+④+⑤+⑥+⑦−⑧	5,061	4,325	3,471
⑩ 借り入れ諸費用	借入額×3%(火災保険・つなぎ融資含む)	152	130	104

⑪	その他諸費用	引っ越し費用10万円+家具家電30万円+地鎮祭3万円+上棟式費用10万円	53	53	53
⑫	資金計画合計	⑨+⑩+⑪	5,266	4,508	3,628
⑬	住宅ローン金利	⑫−①→ローン金利 ※35年元利均等返済、1.5%固定金利	1,505	1,289	1,037
⑭	メンテナンスコスト	1〜3万円×12か月×想定期間70年	1,176	1,176	2,352
⑮	固定資産税	年間固定資産税12〜15万円×想定期間70年	1,050	980	840
⑯	住み替え費用	住宅の耐用年数が想定期間70年より少ない場合は計算 ⑫−⑳	0	0	2,278
⑰	光熱費増減	70年間の合計	1,260	1,260	2,520
⑱	太陽光発電収入	太陽光設置量10kW×1300kWh×16円×40年／10000 ※40年保証のパネルを設置	832	832	0
⑲	トータルコスト	⑧+⑫+⑬+⑭+⑮+⑯+⑰−⑱	9,625	8,581	12,855
⑳	土地と建物の残価	土地価格1500万円+建物残価1400万円 （残価がない場合は土地価格から解体費用150万円マイナス）	2,900	2,900	1,350
㉑	資産を含めた最終合計額	⑲−⑳	6,725	5,681	11,505
㉒	月々住宅コスト	㉑÷12か月÷想定期間70年	8	6.8	13.7

表の①〜⑨、⑩、⑪にあるように家づくりにはさまざまな費用がかかります。これらを合計したものを〝初期費用プラス〟と捉えたうえで借入額を明確にし、実質返済額を把握します。これを**「資金計画」**とか**「マネープラン」**といいます。

○ランニングコストとコストリスクを理解しておく

ここで高性能住宅について説明しましょう。**「長期優良住宅」**という言葉を聞いたことがありますか？　これは、長期にわたり良好な状態で使用するための措置が講じられた優良な住宅のことで、所轄行政庁に申請することで認定を受けられます。約30万円の申請費用（手数料を含む）がかかりますが、それよりもはるかに大きな経済効果があります。税優遇のほか、住宅ローンの金利の軽減、地震保険の価格を下げることにもつながるのです。月々5000円くらいの効果があると思ってよいでしょう。年間で6万円ですね。

また厳しい規定をクリアした家なので、長期スパンで考えると大きな経済効果をもたらします。その効果の要因は7つ。

1メンテナンスコスト

住宅の質を高めるには費用を要しますが、その分維持管理はしやすく、かかる費用はローコスト住宅の半分くらいになるでしょう。

2耐震性

1〜3までの等級があり、地震が起きても継続して住める家が3にあたります。これには100万、200万円という費用がかかりますが、地震で倒壊した家を復旧させるのにはさらに多額の費用が必要になることを考えると、耐震性への投資の優位性がわかるかと思います。認定には耐震等級2以上が必要（例外あり）。

3断熱性

等級があります。それなりの費用がかかりますが、光熱費を抑えられることで、仮に100万円の初期費用がかかったとしても35年後には回収できる計算になり、光熱費は値上がりしているのでもっと早く回収できるかもしれません。なによりその期間を快適に過ごせ、投資回収後も恩恵を受け続けられますから断然、お得というわけです。

4省エネルギー性

断熱性のみならず、冷房、暖房、調理家電などの省エネルギー性も経済効果の重要ポイント。省エネ性機器の設置で200万、太陽光発電10kWを設置したとすると250万円、合計で450万円くらいかかります。しかし、光熱費の削減、太陽光の収入を換算すると月々3万5000円くらいお得になるでしょう。35年間で1470万円にもなるのです。

5壁内結露対策

対策しておかないと湿気がたまってカビが生えたり、シロアリが発生したりして修繕費用はかさみます。また家の耐久性にも関係するので、先の耐震性と同様に地震で倒壊したあとの復旧費用のリスクも伴います。

6施工品質

現場監督や大工さんの技術力によるものです。その技術力は家のあらゆるところに反映され、その差がメンテナンスコストに関わり、場合によっては建て替えを早めることにもなります。施工方法にはルールがありますが、全体の約4割には明確な規定がないのが実情です。信用できる住宅会社はその部分に独自の規定やマニュアルを設けています。住宅会社の選び方については88頁以降で詳しく解説します。

7 設計力

住宅の根本です。例えば窓の設置だけを見ても、位置や大きさ、数などで光の入り方は変わってきますし、光熱費に関係してきます。不要なところには設置せず、設置する場合も小さな窓にすることで初期費用の最小化につながります。暮らしを最適化することはランニングコストに直結するわけです。

○その住宅の未来に残っている価値

①初期費用、②ランニングコスト、③コストリスクの最小化という点を踏まえると、70年後のトータルコストは高性能規格が8000万円台、高性能注文が9000万円台、ローコスト住宅が1億2000万円台という数値になります。表2の⑲の部分です。

住宅の価値はこの時点から先も残ります。39頁で述べた④出口を考えた資産というものです。ローコスト住宅は地震やシロアリ被害のリスクにより、建て替えや大規模修繕の可能性が高いので、土地の価値が残るくらい。一方で**高性能住宅はまだ住み続けることができるため、建物の価値も残っています。**特に長期優良住宅は買い手にとっては安心なもので、これが本来の資産価値なのです。

また、買い手があるということは、地域づくりへの貢献にもつながります。

住まいを考えるうえで大切なのは、**できるだけ先までを見越して、それまでの期間に要する費用を〝見える化〟すること**です。

住宅の購入後の費用トラブルによる後悔をあちらこちらで聞きますが、その後悔をゼロに近づけるには未来を考えたコスト算出が大いに役立つはずです。それは老後の暮らしの質を大きく変えるともいえます。

長期優良住宅はその一例です。これは子どもや孫に価値ある資産を残せるともいえるでしょう。

長期優良住宅

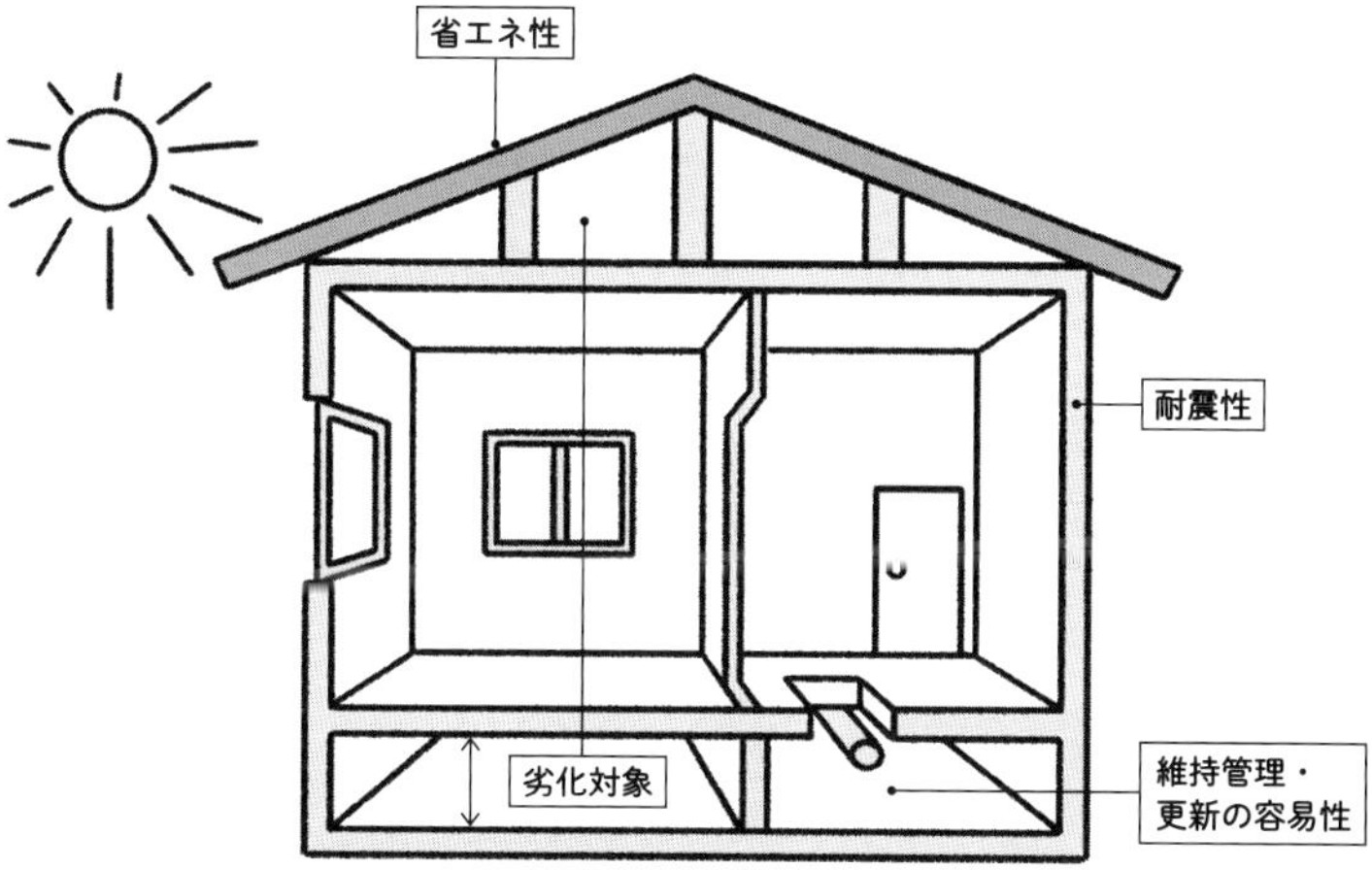

出所：「新築版 長期優良住宅認定制度の概要について」
（一般財団法人 住宅性能評価・表示協会発行）

長期優良住宅の主な認定基準

・長期に使用するための構造および設備を有していること
・地域の居住環境などへの配慮を行っていること
・一定面積以上の住居面積を有していること
・維持保全の期間、方法を定めていること
・自然災害への配慮を行っていること

マネープランを考えたマイホーム

夢のマイホームを手に入れたのはいいものの、ローン返済で苦しんでは〝幸せな住まい暮らし〟から遠ざかってしまいますよね。家の性能に基づくマネープランをきちんと立てておくと、快適に暮らし続けられ、貯金までできます。

○惑わされるなかれ、家づくりのベストタイミング

思い描いたとおりの人生を送れる人はまれかもしれません。ただ、予想外の状況になったときに元々の計画があれば、その原因を考えて軌道修正することができるでしょう。マネープランも同様で、将来を見据えた計画を立てておくことで、さまざまな局面に対応できます。

マネープランの大きな要素がローン返済。金利によって返済額は変わってきます。

金利には変動金利と固定金利があります。 変動金利は将来的に下がる見込みのある局面では有効ですよね。一方、この先上がりそうな局面では損をします。今がどうかというと、上がる可能性が高いという予測が多く〝固定金利のほうが安心〟というのが社会の一般的な見解のようです。もちろん〝絶対〟とはいえません。**金利の変動は別としてマネープランを立てるうえでは、固定金利のほうが計算しやすい**という側面があります。

「今、金利が低いので家を建てるチャンス」というような謳《うた》い文句で営業している住宅会社もあります。もちろん金利が低いほうがいいと思いますが、私は**「家を建てたいときがベストタイミング」**だと思っています。マネープランより大きな枠としてライフプランがあります。自分の人生、家族の生活を考えたうえで決断するべきではないでしょうか。

おもしろいデータがあります。住宅総合の建設工事費の指標を「2015年度を

【表3】住宅総合の建設工事費の指標

単位：年度

1960	1965	1970	1975	1980	1985	1990
18.1	23.3	32.0	53.2	76.0	77.6	87.8
1995	2000	2005	2010	2015	2020（暫定）	2022（暫定）
92.7	91.1	90.8	93.8	100.0	107.3	**122.1**

出所：国土交通省「建設工事費デフレーター（2023年10月31日付け）」

リーマンショック（2008年）の翌年など、社会情勢によって下降した年もあるが、一時的であり、長期間で見ると上昇の一途を辿っている。2022年には1960年の約6倍になった。

100」として変動の推移を表にしたものですが【表3】、1960年が約20で上昇し続けて2022年には約120になっています。1960年の約6倍ですね。

おもしろいという理由はこの変動の大きさではなく、**ずっと上がり続けている**ということ。リーマンショック後に下がった時期もありますが、一時的ですぐに上昇しています。

つまり、**住宅の価格が下がるタイミングをはかること自体が無意味**だということ。ただし、補助金を受けるのにはタイミングがあります。

○補助金を受ける条件は高性能住宅であること

補助金は国が実施する住宅制度とは別に自治体によっていくつかの種類があり、毎年あるようなもの、一時的なものなど時期によって変わります。

本書を読まれているときには終了しているものですが、今後もこのような制度が出てくる可能性もあるので、参考事例として紹介します。「こどもエコすまい支援事業」としての補助金が交付された制度です。対象工事の着手期間が2022年11月8日以降と定められており、2023年3月31日～予算上限に達するまでが交付申請期間（2023年9月28日に終了）でした。子育て世帯・若者夫婦世帯が**高い省エネ性能の基準を満たした場合**、1住戸につき100万円が補助された制度です。

また、「地域型住宅グリーン化事業」による補助金制度もあり、**長期優良住宅などの一定の基準をクリアした住戸が対象**となります。上限100万円でその年ごとに詳細が公表されています（制度の継続は不明）。**申請時期があるのでそれに合わせて家を建てることは得策**かもしれませんね。

お気づきになりましたでしょうか？　こうした補助金には基準や条件があり、それは高性能な住宅であること。先にも述べましたが**高性能住宅は金利や地震保険料などを低くできる可能性もあります**。また**メンテナンスコストや光熱費を下げられる**ので、マネープランの優位性がとても高いのです。夢のマイホームはマネープランの優位性と合わせて、快適な暮らしがセットになって実現するもの。しつこいようですが、それを叶《かな》える手段のひとつが高性能住宅です。

ここで補足があります。あえていうことではないかもしれませんが、都市部で家を手に入れるより、地方で手に入れるほうがお金の観点では〝お得だ〟ということ。土地代だけを見ても都心で6000万円のものが、私が住む静岡県のある地域では同じ広さで1500万円くらいです。この4500万円という**土地代の差額はマネープランを一気に優位にさせてくれる**ことでしょう。

また地方では開けた場所が多いので日当たりのよい住宅にできたり、庭や駐車場を充実させたりもでき、お金以外のメリットもたくさんあるのです。もちろん仕事の関係、子どもの教育関係、家族のことなどさまざまな事情があるので、一概にどこに住むのがよいかをいえるわけではありません。あくまでもさまざまな選択が可能な場合のライフプランやマネープランを立てる参考にとどめていただければと思います。

手放すときの評価から見る住まい価値

なんらかの事情で家を手放すことがあるかもしれません。その場合、評価が高ければ売値も高くなりますよね。住み続ける場合でも売値が高い家は、安心で快適な暮らしを持続してくれるもの。長期的に保たれる品質について解説します。

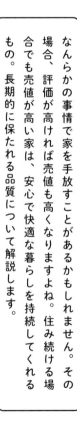

○何年住み続けられるかで住宅の価値が見える

洋服では古着、車では中古車というように購入の選択肢にある中古ですが、住宅となるとより慎重に考えたくなりますよね。

中古住宅にはどのような印象がありますか？　中古住宅については日本と海外とでは受け止め方が異なるようです。中古住宅の流通が多いのがアメリカです。日本では建物と土地を分けて評価されますが、アメリカでは建物と土地を一体にして評価され、必ずしも価値が一律に経年減価しないために中古住宅の流通価格が新築価格を上回る現象も見られます。

経年減価というのは、日本でいうと原価法（積算価値）というもので行われ、必然的に新築物件より相当な減価をしたうえでの価格とされる仕組みです。わかりやすくいうと、**住宅の寿命が関わっている**のです。

とはいえ、すべての住宅が同じように劣化していくわけではありませんよね。現状は中古住宅の評価が適正ではないという課題があり、それにより購入する人の不安が解消されないという側面もあるのです。ただ、課題とされているように**今後は中古住宅の存在価値が変化していく**ことも想定できます。

では中古住宅の寿命についてお話ししましょう。この寿命は**耐用年数**とか**耐用期間**と表現されることもあります。さまざまな機関で調査データが発表されていますが、それぞれ表現が違いますので、あくまでも参考として捉えてください。

例えば国土交通省の『中古住宅の流通促進・活用に関する研究会』の報告書（２０１３

年）によると、**鉄筋コンクリート造の場合、平均寿命は68年**です。リフォームの有無も関係してくるので一概にいえませんが、仮に35年ローンで返済し終わった場合でもまだ価値はあるわけですから、売却できる可能性が十分にありますよね。

では木造住宅の耐用年数についてお話しします。国土交通省をはじめ、さまざまな住宅関連の機関から評価報告がありますが、評価手法の違いによって差異があります。30～90年とその幅が広いのは、住宅の性能によって耐久性が大きく異なるからです。

明らかなのは**長期優良住宅に認定された住宅は約１００年の耐用年数がある**こと。35年ローンが終わっても65年は住み続けられることになるので買い手がありそうです。もちろん売値も高くなるでしょう。

それ以外の住宅で仮に耐用年数が50年と考えた場合、新築の時点でも30歳で手に入れたなら80歳までということになるので、中古住宅となった場合、売値に大きな期待はできないでしょう。

長期優良住宅は100年の耐久性を目指せる!

2016年4月より開始された長期優良住宅の認定制度。3世代にわたって住むことも可能である。また、自然エネルギーを利用する設計方法「パッシブデザイン」は、エネルギーの観点からも将来にわたっての安心感がある。

○未来は中古評価の差が如実に表れるかもしれない

どの市場でも需要と供給のバランスがあり、それは売り手と買い手の意思によって変わるものです。現在住宅の供給状況はどうなっていると思いますか？　住宅ストック数（中古物件のこと）と総世帯数の関係で見てみると、ここ50年間は**住宅ストック数が上回っています。**

つまり住宅が余っているわけです。これにはマンションや賃貸物件も含まれていますが、中古住宅を購入しようとする人は、品定めして判断できる状況にあるとも考えられます。

ではどんな住宅が人気になるでしょうか？

先の耐用年数も重要ですが、**耐震性、耐久性、断熱性といった性能の高さも選択判断の基準になる**でしょう。デザイン、間取り、立地などさまざまな条件を照らし合わせて取捨選択していくはずです。

こうした条件をクリアして選ばれる住宅は、数が限られてくるかもしれませんね。なぜなら**新築を手に入れるほうが優位なことが大いにありうる**からです。

例えば2000万円で条件に満たない中古住宅があったとします。耐用年数は残り30年だとしましょう。購入する人の年齢にもよりますが、3000万円で新築住宅を手に入れるほうが、性能が高くて、耐用年数も長ければお得だと考えるのは容易でしょう。

つまりこの先も住宅ストック数が総世帯数を上回る構図が変わらないのであれば、**これから新築を購入する人は、高性能で耐用年数の長い住宅にしなければ、売却すらできなくなるかもしれない**のです。

もちろん、売るために家を建てようとする人は少ないでしょう。ただ売却できる価値のある住宅は、住んでいる期間、快適であるともいえます。住宅を手放すのは、やむをえない事情があってライフプランを変更する際のイレギュラーなときだと思っておいてよいのではないでしょうか。

どんな住宅を手に入れるにしても、あらゆる事態を想定した目利きが大切であることは変わりません。目利きは見た目だけでなく、土地の特性や建物の内部構造など、住宅の土台に関わることから始まります。ｐａｒｔ２の解説を参考に目利きの力を養ってください。

Part 2

家づくりに必要な目利き

〜土地選びと人選びで環境を整える

住みやすい場所と価値ある土地

住みたい街ランキングというものがありますが、その街のすべての土地が住宅に適しているわけではありません。土地の状態によっては建物の品質にも影響します。そこで住まいの目的を果たすためのポイントを7つ解説していきます。

○最良の選択を導く土地探しの順路

あるデータによると、土地探しに費やす期間の平均は14か月。それだけ時間をかけて探した土地に、あとになっていろいろ問題が出てきたら悲しいですよね。

この失敗を招かないためには、土地探しを「**①正しい手順で進める**」ことです。まず**ライフプランをしっかり立てること**。そこから**どんな家にしたいか希望が生まれ、**

それに合った土地を探すという手順になります。これにはマネープランも含まれます。先に土地を探して、そこからどんな家にするか、どんな生活を送るかと考えると無理が出てきますよね。

次に「**②ライフプランの総額の把握**」について解説します。マネープランをより具体的にしていくわけですが、**将来を見据えた収入支出、現在の貯金などを踏まえて住宅の予算を導き出し、配分を考えていきます。**

住宅ローンで考えてみましょう。仮に無理のない月々の返済額を12～13万円と設定します。30年での返済総額が約4500万円、そこから諸費用、住宅、土地の予算を配分していくのです。家が2300万円、諸費用が200万円だとすると、土地の予算は2000万円で総額4500万円になります。

まずは丼勘定からイメージしてよいと思いますが、個人で計算していくのはハードルが高いので、フィナンシャルプランナーやライフプランナーの力を借りるとよいでしょう。ただし、フィナンシャルプランナーなどはお金の計画を専門とするため、住宅の性能の知識があるわけではありません。よって**フィナンシャルプランナーなどと**

住宅会社の両方に同時に相談するのが賢明です。

このように土地探しは個人だけでできるものではありません。「**③不動産の仲介の流れを理解する**」ことも重要なのです。

不動産仲介業者は仲介手数料で事業を成り立たせています。その対価として土地の情報提供をしてくれます。間違っても仲介手数料を値切ろうとしないでください。それは目的の土地探しを阻害する行為になるかもしれないからです。

特殊なのは、一般的な商売は買い手がお客さまですが、不動産の仲介業者の場合は売り手（オーナー）も大切なお客さまであること。この仕組みが土地探しの結果を左右するわけではありませんが、これを踏まえておくと仲介業者と円滑なやり取りができるかと思います。わかりやすくいうと、土地探しは〝かけひき〟ではないこと。**仲介業者との良好な関係があってこそ、目的の土地に出会えます。**

土地探しに協力してくれる業者

フィナンシャルプランナー

人生における総合的な資金計画を立て、経済的な側面から実現に導く方法を提供してくれる。

住宅会社の担当者

ハウスメーカー、工務店など、住宅建設事業を行う会社の担当者は、住宅の設計、構造、資材などの側面から、土地にあった物を提案してくれる。

不動産仲介業者

売主と買主の仲介役として不動産の売買契約の成立に向け、その土地に関わるさまざまな情報を提供してくれる。

○土地と建物に求める目的を明確にする

街中を歩きながら「なにを食べようか」と入るお店がなかなか決まらないことがありますよね。食事探しなら目的がなくても散歩を楽しめるかもしれませんが、土地探しとなると、目的がなければいたずらに時間だけが過ぎてしまいます。つまり「**④ほしい土地の基準を明確にする**」ことが欠かせません。

目的にはいくつかの要素があり、それぞれに条件や基準があるかと思います。その要素で**優先順位をつけることが効率のよい土地探しにつながります**。要素は予算や広さのほかに、職場や学校、駅、商業施設へのアクセスの利便性、災害リスク、地盤、土地の傾斜、道路との接続、近隣住民、周辺環境などさまざまです。

予算と広さは連動します。その際どんな家を建てて庭や駐車場をどうするかなども想定しておく必要があります。アクセスの利便性も自分だけでなく家族のことを考えなければならないでしょう。

災害リスクは、地震、水災、土砂災害、台風などへの対策で、川や海、山が近い、土地が低いなど地形が関係してきます。必ずしも災害リスクが高い場所がダメなのではなく、その場所に住む場合は**災害対策の費用を加味しておくことが必要**だということです。**地盤についても同様で、弱い土地の場合は地盤改良の費用が生じます。**

見落としがちなのが、土地の傾斜や道路への接続の点。傾いた家を建てるわけにはいきませんので、基礎を高くする必要があります。

また奥まった場所にある土地でも**敷地が道路に接していれば**(**接道義務**)、**家を建てられます。**逆に接道がないと建築基準法に抵触して家を建てることができません。周囲の土地まで買う事態になると、計画が崩れてしまいます。

近隣住民の様子、街の雰囲気、気候風土など、暮らしの快適性を左右する要素はいくつもあります。すべての要素が条件や基準をクリアするのは難題。そこで優先順位を明確にしておくと判断に迷うことがなくなります。

接道義務

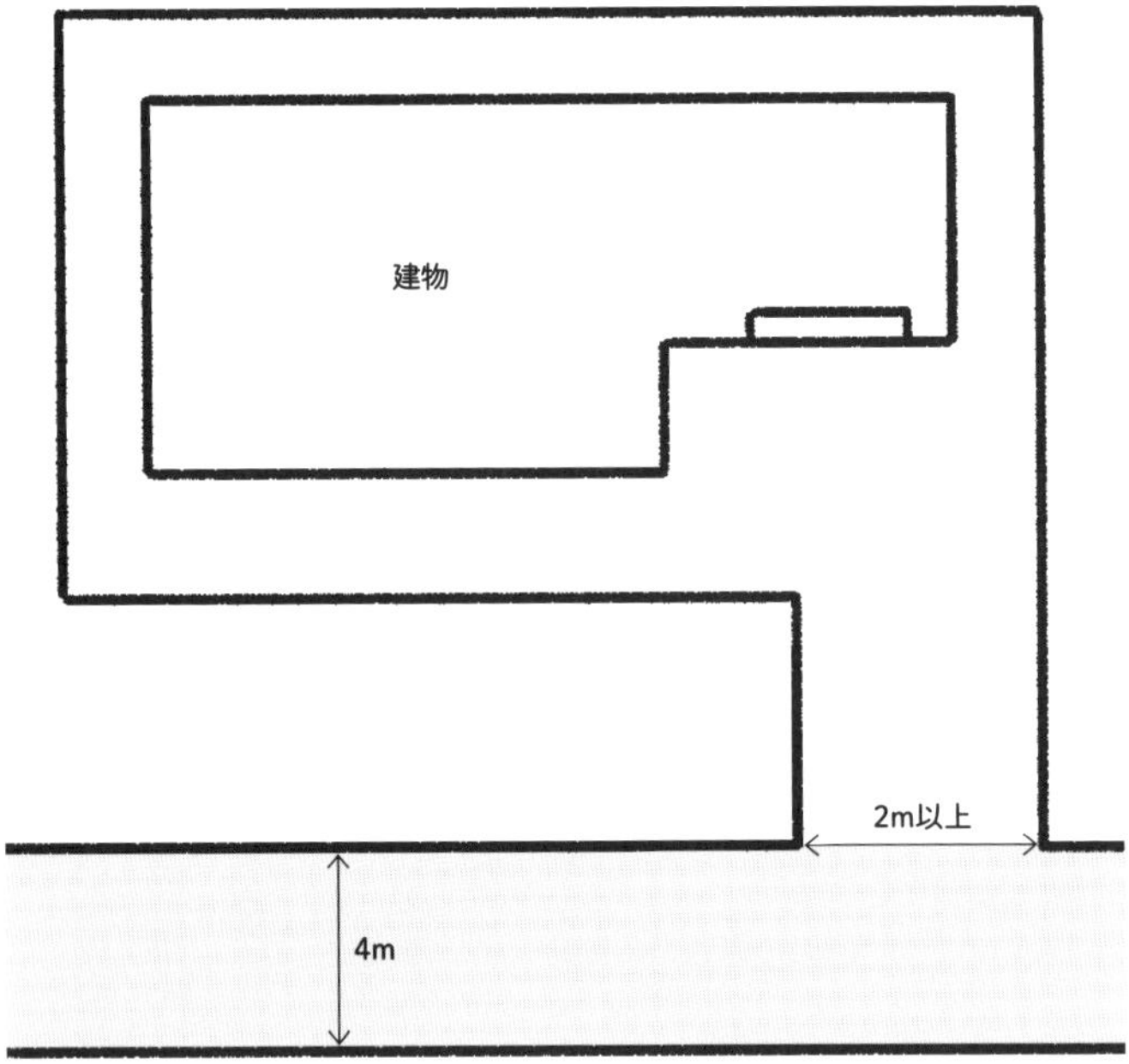

敷地に建物を建てる場合、建築基準法に定められた道路に 2m 以上接していなければならない。接道義務を果たせていない土地には住宅を建てることができないため、その土地に建てる場合は周囲の土地も購入し、接道義務が満たされる立地にする必要がある。

○土地の良し悪しは現地に行くと見えてくる

旅行パンフレットを見てきれいだなと思っていたところが、実際に行ってみるとガッカリというような体験をしたことがありませんか？「百聞は一見にしかず」ではありませんが、土地探しも自分の目で確認することが大切です。とはいえ何件も足を運んでいては時間を要するし、場合によっては無駄足になることも。その場合、**事前に情報収集をして現地を訪れる物件を絞り込んでおくとよい**でしょう。

地形や災害についてはインターネットで調べることもできます。実際に道を歩いているように街の光景を見ることができるサービスもありますよね。道路や土地の状態もある程度確認できるわけです。

こうして絞り込んだ物件を自分の目で確かめにいきます。その際「**⑤現地の確認に住宅会社と不動産会社の両者に同行してもらう**」ことを忘れないように。土地に関しては不動産会社に、その土地で建てる家については住宅会社に質問をし、アドバイスをもらう必要があるのです。専門分野が異なりますから、**土地と建物を分けて考え、**

再度結びつけていくわけです。

現地を訪れた際に気をつけたいのが、**土地の境界線です**。重要事項説明で確認できるかもしれませんが、境界線があいまいなケースもあり、土地を買って近隣トラブルになっては元も子もありません。また地中にガラ（産業廃棄物や建築廃材などの総称）がある土地もまれにあるので、念のために確認しておきましょう。

水はけの状態も重要な確認ポイント。家から道路までに勾配《こうばい》があり、側溝に水が流れるようになっているかを確かめてください。特に旗竿地《はたざおち》※といって道路から細い道でつながり、奥まったところに敷地が広がっているような物件は、この水はけに難点があることもあるので要注意です。

視点を変えて、周囲との土地の高低差も見ておきましょう。**排水の工事、擁壁（高低差のある土地で側面の土砂が崩れるのを防ぐための壁状の構造物）の設置など、予想外の費用は避けたいもの**です。

確認するのは土地の状態だけではありません。聞き込み調査をします。といっても刑事さながらの調査ではなく、近隣の人と出会ったらあいさつをして話をうかがう程度で大丈夫。その土地に長らく住んでいる方だと、さまざまな情報を提供してくれるかもしれません。〝街ぶら〟感覚で周辺を散歩してみるのもよいでしょう。

※**旗竿地** ▽ 道路に接している出入り口部分が細長くなっており、その奥にまとまった敷地がある土地の形状。

○集めた情報とイメージや目的を一致させる

土地の情報をたくさん収集した、建物の希望も明確だ、という場合でも両者が一致しないケースもあります。「⑥**土地と建物両方でイメージする**」ことで土地探しの成果を得られます。現地を訪れて60坪の土地が条件に合ったとしたら、接道を見て駐車場と庭の位置を想定し、家の玄関、シューズクローク、水まわり、キッチンというふうにイメージを膨らませていきます。物置をここに置ける、デッキはここに設置するとよさそうだなど、より具体的にイメージしていくと楽しいものですよ。

日当たりを確認するのも重要です。間取りにも関わりますし、なにより光熱費に直結します。一日中、一年間という日当たりを確認するのは困難だと思いますが、最近では日当たり状況がわかるアプリ（サン・サーベイヤー）もあるので活用してみてください。

目的の土地が絞り込まれて〝万歳〟といきたいところですが、**土地探しをしていくうちに事情が変わってくることもある**と思います。住宅に求める要素の優先順位によって決めた土地、例えば地盤の優先順位を下げて決めた土地の場合、地盤改良の費用がかかります。予算を増やすのか、ほかを削るのかといったことを再度見直していかなければなりません。先述の「⑤現地の確認に住宅会社と不動産会社の両者に同行してもらう」ということが、こうした局面でいかされるのです。

また不動産会社はお客の本気度合いも見ているものです。入居時期が明確になっていると「この人は本気だ」と感じ、リアリティのある段取りとなるわけです。**「⑦入居時から逆算してスケジュールを組む」**ということが求められるのです。

例えば1年後の入居を希望している場合、家をつくるのに6か月、土地の購入や家づくりの設計、工事の段取りをするのに3か月かかるとしたら、3か月後には決断しなければなりません。住宅ローンの事前審査、住宅会社に目星がついているかなど、不動産会社にとっては知りたい情報です。

このようにして土地探しを行っていけば、先に述べた14か月もの期間は必要なくなると思います。もし賃貸住まいでマイホームを手に入れようとしていた場合、土地探しで短縮できた分の家賃がローン返済にあてられるとも考えられますよね。

「時は金なり」は住まいに大きく関係しているかもしれません。

新築と中古のメリットとデメリット

初期費用だけを見てどんな住まいにするかを決めるのは、「ちょっと待った！」です。住み続ける過程で発生するランニングコストこそ把握しておく必要があります。新築と中古住宅を比較し、最適な住まいを模索しましょう。

○中古住宅は建物の状態を把握しきれない

ここ数年の物価上昇は財布の紐《ひも》を締めますよね。住宅も同様で価格が下がるのを少し待ってみようという人もいるでしょう。しかし、part1でもお伝えしましたが、住宅の価格は一時的に下がったとしてもすぐに上昇します。過去約60年で一時的に下がったのはリーマンショックなど大きな経済変化があったときのみ。そう考えるとできるだけ早く購入したほうが賢明だといえます。

先行き不透明だからこそ、少しでも初期費用を抑えたいという気持ちになるのはわかります。そう考えると、中古住宅は魅力ですね。ローン返済の期間を長くできない年配の方などには、有効な選択になるかもしれません。

新築と中古のどちらが適しているかは一概にいえませんが、**ライフプランを考えたうえで判断**してもらいたいです。というのもメンテナンスコストや光熱費などランニングコストが新築と中古では大きく変わってくるからです。ここで解説する新築は高性能住宅を指します。

新築と中古住宅を比較する前に、中古住宅のメリットとデメリットをお伝えします。メリットは初期費用を抑えられることと、物件がすでに存在しているので立地や周辺環境のほか、外装、間取りなどが把握できることです。しかし、それは表面的なことにすぎません。

基礎や構造、建材がどのような状態になっているかはわかりませんよね。壁の内側や床の下を目視することができませんから。また断熱性、耐震性なども同様です。仮にそうした性能を有していた物件だったとしても、築年数が長くなれば劣化していたり、機能不全になっていたりすることがあります。例えば**漏水があった場合、そこから壁、床、柱などあらゆるところに悪影響が及びます**。多いのが**窓の性能が低くて結露し、カビやシロアリが発生してしまうこと**。リフォームに1000万円以上を要することもあります。これは中古住宅の典型的なデメリットで、新築を買ったほうがよかったというケースも少なくないのです。

もし、**中古住宅を選ぶ場合は、平屋のほうが安心**です。構造面で懸念があっても家がつぶれにくいですから。鉄筋の住宅も同じことがいえます。それでも安全・安心というわけではないので以下の9点を注意して確認していただきたいです。

①床の傾きやシミなどの汚れ、②天井やその付近のクロスのシミ、③水まわりの収納、④設備、⑤配管、⑥間取り・配置・生活動線、⑦暖かさと涼しさ、⑧臭い、⑨駐車場の位置

物件にもよりますが、窓の位置や間取りを変えるのは大掛かりな工事になります。住宅の性能を下げてしまうこともあります。リフォームできることが限られていることも念頭において検討するとよいでしょう。

○長期的に見るとコストの捉え方が変わる

新築は経済的に重荷だけれど、中古住宅のリスクも避けたいという場合、建売住宅の選択肢もあります。注文住宅よりは割安で購入できます。ただし、高性能住宅とは限らないので、そのあたりは念頭において判断してください。

新築、中古、新築の建売のどれかを選択するにせよ、ライフプランに基づいて判断することが必須《ひっす》です。30歳の人が１００歳まで住むことを想定し、70年の期間でシミュレーションしてみます。わかりやすくするため土地代は抜きにし、中古住宅は住む前のリフォーム代を入れていません。

初期費用は新築３０００万円、中古は１０００万円と設定します。ここでは２０００万円の差がありますよね。次に**光熱費を見ていきます。新築が月々2万円、中古が月々3万円と設定した場合、年間で12万円の差額**が出ます。次にメンテナンス費用ですが、**新築の場合は10年おきに約100万円、中古の場合は10年おきに約200万円が必要になると考えておいたほうがよい**でしょう。40年後の70歳の時点で比較すると、光熱費は中古が新築より480万円プラス、メンテナンス費用は400万円プラスということになります。880万円の差が出ているわけです【表1】。

ここから先はさらにその差が広がっていきますが、それより重大なことがあります。物件の性能にもよりますが、仮に**築20年の中古物件を購入したとすると、40年後は築60年。建て替えが必要になる可能性が高い**のです。あと30年間を生きるとしたら、そこから新たに物件を購入するにしても、賃貸にするにしても費用が発生します。70年後を待たずして新築のほうがお得であることをご理解いただけるでしょう。

このシミュレーションはあくまでも30歳の方を想定したケースです。購入する年齢によって比較結果は変わってくるのは当然ですが、新築の場合、売却して収入を得られるという側面もあります。こうした事態を考えてもライフプランの重要性がわかることでしょう。

【表1】新築と中古のトータルコスト比較例

単位：万円

	新築		
	建物	光熱費	メンテナンス費用
初期費用	3,000		
10年		240	100
20年		240	100
30年		240	100
40年		240	100
50年		240	100
60年		240	100
70年		240	100
合計	3,000	1,680	700
総合計			5,380

	築20年の中古住宅		
	建物	光熱費	メンテナンス費用
初期費用	1,000		
10年		360	200
20年		360	200
30年		360	200
40年	3,000	360	200
50年		240	100
60年		240	100
70年		240	100
合計	4,000	2.160	1,100
総合計			7,260

リフォームしやすい住宅

世界最古の木造建築といわれる法隆寺《ほうりゅうじ》は１４００年の歴史があるといわれますが、これまでの期間、修繕を繰り返しています。修繕というとネガティブな印象もありますが、住宅の場合、メリットもたくさんあります。

○さまざまなメリットがあるリフォーム

リフォームとリノベーションの違いを知っていますか？
リフォームは老朽化や劣化した家を修繕してもとの状態に近づけること。
リノベーションは既存のものより価値を高めること。
意味は違いますが、住んでいる途中で家に手を入れる場合、どちらも含んでいるケースがあります。ここではリノベーションの意味合いを含めたリフォームという観点でお話ししていきます。

住宅に限らずどんなものでも経年劣化はあり、災害などで損傷することもあります。リフォームの役どころとして修繕やメンテナンスは欠かせないもの。もちろんメンテナンスコストを軽減させるための家づくりが前提にあります。

それでも修繕やメンテナンスが不要になることはなく、**重要なのはリフォームすべきタイミングを逃さないこと**。例えば外壁が劣化している場合、そこから漏水して内部構造に悪影響を及ぼすことがあります。外壁を修繕すればほかの部分の劣化を防ぎ、住宅の寿命を延ばすことにつながります。

気をつけたいのが**内部結露**。壁内部は目に見えないため劣化が進んでいるケースが多く、修繕の費用が多額になります。また住宅瑕疵担保責任保険※でも**内部結露の修繕は保証対象外**です。

内部結露をしない壁構造、建材にしておくことは、家づくりで特に重要視していただきたいです。

リフォームによって快適性を高めることもできます。住宅内の構造や設備を最新のものに更新していくと考えてもよいと思います。

例えばリフォームを通じて断熱性や換気性を向上させれば、居心地がよくなりますし、光熱費を抑えることにもなります。もちろん費用は発生します。快適性はお金であらわすのが困難ですが、光熱費の抑制についてはリフォームの費用と照らし合わせて検証することも重要です。新築の家づくりをする際のシミュレーションと同じことをするわけです。

また、リフォームにはカスタマイズという捉《とら》え方もあります。先のリノベーションの意味合いに近いかもしれません。住み続けていると生活環境の変化もあるでしょうし、好みが変わることもあるものです。

例えば間取りを変更したり、内装をアップデートしたりし、より自分の生活にあった住まいを実現させることができるのです。ただし、**構造的に無理のあるカスタマイ**

ズは避けていただきたいです。それは耐震性や耐久性など家の性能を低下させてしまう可能性があるからです。

リフォームは快適性、性能、エネルギー効率などの向上により、住まいの価値を高めるものです。**投資するだけの価値が生まれるかが重要ポイントになる**でしょう。これは中古住宅を購入する際にも参考になるものだと思います。

※**住宅瑕疵担保責任保険** 新築住宅に瑕疵があった場合に、補修などを行った事業者に保険金が支払われる制度。

○リフォームに適した家づくり

法隆寺が1400年の歴史があることをお伝えしましたが、建造物の構造、建材などで参考になることがたくさんあります。日本の建築技術の高さも痛感します。ただ、どんな家でもリフォームを繰り返せば寿命が延び続けるというわけでもありません。

家づくりはライフプランがもとになりますが、その**ライフプランにリフォームのカテゴリーを入れて作成する**ことも推奨します。

これは「老後の生活のためにどこかのタイミングでリフォームしよう」という考えにも適したものだと思います。

また、いくらリフォームしようと思っても条件的に難しいケースもあります。例えば立地です。これは「住みやすい場所と価値ある土地」（62頁）を再度読んでいただきたいです。

日当たりや風通しなどは変えることはできません。のちにリフォームを想定している場合は土地選びから意識しておく必要があるのです。

これは住宅会社を選ぶ際にもいえることで、リフォーム専門の工事をしている会社があるように、**家づくりをしてくれた住宅会社がリフォームも行ってくれるとは限りません。**リフォームの工事費用にも違いがあります。

また、リフォーム費用が高額なためにほかの会社を選択した場合、**汎用性《はんようせい》の低い建材を使っていたり、独自の構造だったりして工事が難しくなり、**結局、費用が高くなるというケースもあります。

土地選び、住宅会社選びからもリフォームのしやすさに違いが出てきます。87頁の表にあるように、敷地、階数、構造、性能、外壁の構造や種類、間取り、設備などでリフォームに適したものとそうでないものがあります【表2】。

特に耐震性、耐久性、断熱性、気密性、通気性、省エネ性といった**家の性能は、家づくりのときにできるだけ高いものにしておきたい**です。**リフォームで性能を高めるには費用がかかり、また構造上の問題でリフォームでは手を入れられないケースもある**からです。

例えば太陽光発電を取り入れようとした場合、耐震性や耐久性が低い家では、重い太陽光パネルを設置することはできません。

このように性能は将来的なコストパフォーマンスまで考えると家づくりをする際に費用をかけておくほうが賢明です。外壁など家の構造に関わる部分も同様です。

間取りでは、内壁を設けずに間仕切りをしておく方法もあります。また将来的に書斎にするために廊下を広くしておくなど、アレンジしやすい設計にしておくこともひとつの方法です。ただ、はじめて家を建てるときにそこまで想像を広げられないのも事実です。

将来的に暮らし方が変わることがわかっている場合、モデルハウスや住宅会社が持つ事例を見せてもらい、リフォームについて想像する領域を広げておくのがよいかと思います。

【表2】リフォームの向き不向き

	リフォームしやすい	リフォームしにくい
敷地	土地に余裕があると工事がしやすい。	スペースがないと工事がしにくく、費用が割高になる。
階数	平屋は耐震補強を要さないケースが多い。	木造2階建ては構造計算されていないことが多く、耐震補強が必要な場合が多い。
構造	木造は比較的手を入れやすい。	鉄骨造やRC構造は外部の変更は難しい。
性能	すでに高性能の場合は、手を入れる部分が少ないため、リフォーム費用を抑えられる。	低性能の場合は性能向上に多額を要し、性能の低さから手を入れられない部分もある。
外壁の構造や種類	ガルバリウム鋼板など傷みにくい建材は、塗装のし直しも容易。	塗り壁など漏水しやすいものは、大きな工事になり、その分、費用が割高になる。
間取り	シンプルな間取りは変更しやすい。	壁勝ち（天井や床を貫通している）構造は変更しにくい。特徴的な形はリフォームの選択肢が少ない。
設備	汎用性の高い設備は交換しやすい。	オリジナル製品や汎用性の低い設備は、修繕が難しく、同じ製品がなくなっている可能性もある。
住宅会社と工事会社	汎用性の高い建材、構造で家づくりする住宅会社のものは、他社でも工事しやすいため、リフォーム費用を抑えられる。	大手ハウスメーカーは独自のものを採用しているケースが多く、他社での工事が難しくなるため、コスト比較ができず、かなり高額になる。

総合点の高い住宅会社の選び方

進学先や就職先についてはいろいろ調べますよね。住宅会社を選ぶ際も同じように調べておく必要があります。なにせ一生のパートナーとなる家づくりを任せる業者ですから。さまざまな視点で住宅会社を検証していきます。

○坪単価の真意を知らないと落とし穴に!?

私の会社は工務店です。工務店とハウスメーカーの違いって知っていますか？役割としては大きな違いはありません。ともに住宅工事を請け負う会社ですが、工務店の場合は特定の地域に限定して運営しています。ハウスメーカーも工務店も規模、事業範囲、営業エリアはさまざまで、その間に位置しているビルダーという業態もあります。

実は、**どの業態のどの会社を選ぶかは、目的の住まいを手に入れるための重要ポイント**。まずはみなさんが気にされる費用について比較してみましょう。

坪単価で比較します。坪は畳2畳の広さで、建物の費用を坪数で割った額を一般的には坪単価といいます。坪単価を100万円とした場合、30坪の家なら3000万円となるわけです。この**坪単価が業態や会社によって違う**のです。坪単価の明確な定義はなく、ルールもそれぞれの会社によって違います。それが落とし穴になることも。家の本体価格だけの比較では適正な選択ができません。そこで業態の傾向をまとめた数値をもとに解説していきます【表3】。

業態を「ローコストのハウスメーカー」「高性能の工務店」「大手ハウスメーカー」の3つに分けて説明します。坪単価は50万円、80万円、100万円に設定すると、30坪の家の場合、1500万円、2400万円、3000万円と大きな差が出ました。初期費用のみを見ると、当然ローコストのハウスメーカーに魅力を感じますよね。

では表の下の部分を見ていきましょう。

まず性能ですが、ローコストだと性能にこだわる余裕がありません。高性能な住宅をつくれる工務店と大手は同等の性能を担保できると考えてよいでしょう。これに連動するようにランニングコストは、ローコストがほかの2倍も要することになります。**耐久性や耐震性の低さからメンテナンスコストが高くなり、断熱性や省エネ性の低さから光熱費が高くなる**のです。

トータルコストを見ると、4500万円、3900万円、4500万円となります。長期的に見た坪単価も150万円、130万円、150万円と初期費用とは異なる評価になるわけです。

ここで「工務店と大手は同じ性能なのになぜ坪単価が違うか」という点が気になるかと思います。大手の場合は営業エリアが広いため人員が多く、広告・宣伝などの費用もかかります。それらは建設費用に含まれることになるため割高になるのです。

【表3】業態の傾向比較

単位：万円

	ローコストのハウスメーカー	高性能の工務店	大手ハウスメーカー
坪単価	50	80	100
坪数	30	30	30
建物価格	1,500	2,400	3,000
性能	低い	高い	高い
ランニングコスト	3,000	1,500	1,500
トータルコスト	4,500	3,900	4,500
長期坪単価	150	130	150

坪単価を比較するだけでも高性能の利点を理解できたかと思います。また、住む快適さはお金ではあらわせないもの。冒頭で坪単価の明確な定義もルールもないとお伝えしましたが、例えばキッチン設備が坪単価に含まれておらず、あとから予想外の支出を要したということが実際にあります。

坪単価はあくまでも住宅会社を選ぶひとつの要素として捉え、住宅会社とのやり取りから感じられる信頼を大切にしたいものです。

○住宅会社の提案の〝根拠〟を探る

住宅会社とのやり取りは営業担当者が多いでしょう。住宅に限ったことではありませんが、会社や人によって違いはあります。残念ながら営業担当者の巧みな言葉に惑わされて後悔する人も少なくないのです。

見極めのポイントは、**すべてにおいて根拠があるかどうか**です。また、**営業担当者の目的が〝売ることのみ〟か、〝お客さんを助ける〟という目的が含まれているか**という点も重要。当然後者を信頼できますよね。これらを踏まえて注意すべきことを10点お伝えしていきます。

①ライフプランの信憑性

ライフプランが必須であることは再三お伝えしてきました。例えば5000万円の住宅を気に入っているけれどローン返済が計画している額を上回ってしまう場合、**その家をあきらめるか、ライフプランを見直すか**の選択に。そのときに営業担当者が、「老後の生活資金が1か月で20万円かかるところを10万円にしましょう」と提案してきたら、みなさんはどう思いますか。

ライフプランを変更する場合は根拠がなければ意味をなしません。勝手にライフプランを変更してしまう悪質なケースもあるそうです。**〝ライフプランを修正するたびに納得できるか立ち止まる〟**ことを覚えておいてください。

②値引きの良し悪し

値段交渉で200万円、300万円も値引きされるケースがあると聞きます。では値段交渉をしなかった人はどうなるでしょう。不平等が生まれますよね。会社の姿勢を疑いたくなります。また**初期費用はあらゆる要素を計算して算出されるもので、それが適正なら大きな値引きはできない**はずです。どこかの部分で条件を変えられているのかもしれません。欠陥などの後悔をしないためにも、値引きの根拠を確認してください。

一方で、自身の家を見学先として協力することに対する値引きや、規格住宅の場合に設計を検討する時間を短縮した分の値引きなど、根拠のある値引きもあります。良心的な値引きといえるでしょう。

③契約の決断を急かされる

今すぐ契約しないと、ほかのお客さまに先を越されてしまうというような営業があります。実際に人気物件であれば嘘ではないでしょう。ただ、どんな物件でも契約を急《せ》かされるような場合は注意が必要です。

本来であれば**お客さまの希望をヒアリングし、それを叶《かな》えられる住宅を提案するのが営業**です。その部分をすっ飛ばされることは、〝売れた〟という結果だけを目的にしているとしか思えません。ただし、本当に人気の土地や住宅はあるので、冷静に見極めてください。

④断熱性だけを強調する

高性能住宅のひとつの特徴に断熱性があります。性能が優れていることは喜ばしいことですが、それだけを強調する場合は謳《うた》い文句にすぎません。**断熱性は気密性（隙間相当面積※）や換気方式、日射の兼ね合いなどさまざまな要因がセットになって高められ、**快適な室温を実現できます。すべてを事細かく説明し、なおかつデータや資料を提示してくれる場合は信憑性《しんぴょうせい》が高いといえるでしょう。

また、寒い時期や暑い時期にモデルハウスに見学にいき、エアコンの稼働状況を確認するのもひとつの方法です。

⑤初期費用が低いことだけを強調する

トータルコストで考える重要性はお伝え済みです。**メンテナンスや光熱費などのランニングコストを理解して**おけば、初期費用だけで判断することのリスクはわかるはず。よって初期費用だけを強調する営業には疑いの目を持ちたいものです。

⑥不確かな情報を提供する

例えば住宅の周辺環境について「治安がいいですよ」「近隣はいい人ばかりですよ」と教えてくれることがあります。では、その担当者は周辺環境をどこまで調べているのでしょうか。

もちろん確かな情報を持っていることもあるでしょう。ただあらゆる仕事には専門性があり、**住宅営業の管轄ではない情報があることも確か**。周辺環境については不動産会社のほうが詳しいです。

⑦断定的な説明が多い

物価変動をあらゆるデータから予測する経済専門家もいますが、住宅の営業担当者が「この物件は将来、高値で売れます」という言葉にそこまでのデータ的な根拠はないと思います。

不動産には将来的な不確定要素が多々あるものなので、少なくとも断定的にいえるものではありません。

⑧トータルでの見解を示さない

全館空調を例にしてお話しします。家の中の温度差を最小限にする高性能設備です。これを提案される際、初期費用だけを示すことがあるようです。

しかし、実際は**維持管理、メンテナンスのランニングコストが発生し、故障した際のリスクも**あります。これらをきちんと説明しないで提案する会社には、責任感を問いたくなります。何事にもメリットとデメリットがあり、総合的に見てこそ判断ができるものです。

⑨書面化されていない

住宅会社から提示された契約書を見て「こんなものかな」と思う人もいるかもしれません。そこに落とし穴がありますよ。

例えば**金額は記載されているけれど、仕様がなにも書かれていない契約書は危険**です。キッチンの仕様が書かれておらず、あとから予定外の費用が発生したというケースもあります。専門的な知識がなければ見抜くのは困難なので、わからないことは逐一質問してください。それに対して**事細かく説明してくれる営業担当者は信頼できる**でしょう。

⑩感覚での営業トーク

世間話の延長のような営業トークもあるようです。「太陽光パネルの価格が下がっているので待ったほうがいいですよ」など。実際にそうだったとしても、費用対効果など違う側面からの意見もあって当然のことです。まず**データの提示なく話してくる内容は参考にとどめましょう**。検証してみたら違った結果になるようなことも多々あります。

注意したいことは山ほどあります。例えばお客さまの要望になんでも応《こた》えるような営業担当者は、どこまでリアリティのある家づくりを目指しているのだろうかと疑いたいです。当初の予定より希望が増えたり変わったりすれば、ほかに影響が出てきますから。

ここまでネガティブな視点で解説してきましたが、逆に**みなさんの目利きの力が優れると、目的以上の家づくりができる**かもしれません。

家づくりは人生づくり。運任せではなく、自ら動いてよい人生をつくっていきましょう。

※**隙間相当面積**▽建物が持っている隙間すべての面積を延床面積で割った数値で、C値という単位で気密性を示す指標となる。

全国大手と地域密着、それぞれの魅力

全国展開する大手ハウスメーカーでも地域密着の工務店でも欠陥住宅になったケースはあります。どちらかが安心とは一概にいえませんが、それぞれに特性があります。重要なのはライフプランに適した希望をどちらが叶えてくれそうかという点です。

○〝大手〟が価値に直結するわけではない

ラーメン店を例に考えてみると、チェーン展開するお店と個人店、どちらがおいしいラーメンをコスパよく提供してくれるか、答えは二分するでしょう。チェーン店、個人店ともにクオリティはまちまちだと思いますし、食べる人によって好みも違いますから。これは住宅会社にもいえることで、大手ハウスメーカーと工務店のどちらが合うかもその人次第です。

費用比較についてはこれまでにも解説してきたので省きます。ひとつ補足として、大手ハウスメーカーは同じ住宅を大量に建築することで、設計、建材の調達などあらゆる費用を抑えられる利点があります。一方で販売管理費は工務店より大手ハウスメーカーのほうが高い傾向にあります。

住宅会社の質を見極める共通事項は、**建築の規定やマニュアルがあるかどうか、ある場合はそれを説明してくれるかどうか**です。施工方法の約4割は規定が設けられていません。それぞれの会社が独自に判断して建築できます。悪知恵を働かせるとすると、この4割の部分で時間や労力、費用を減らすことができるわけです。大手だから、地域に密着した工務店だからということでなく、まずは建築の規定やマニュアルがあるかどうかを確認し、わからないことはどんどん質問してください。

質問はとても大切なことで、**住まいに求める希望もどんどん伝えたほうがよい**と思います。

工務店の場合、お客さまの要望に応じてカスタマイズしたり、新しい提案をしたりしてオリジナリティのある家づくりを目指します。一方、**大手ハウスメーカーは、決まった規格を展開しているため柔軟な対応は難しく、もし受け入れられる場合も割高な提案となる**でしょう。そういった意味では、独自のこだわりを反映したい人は工務店が向いているかもしれません。

これは建材選びなどにもいえることです。決められた建材を使用することが前提のハウスメーカーに対し、工務店はお客さまの希望するものを提案できます。ただし、それがいたずらに高いもので、ほかの構造や設備に悪影響を及ぼすこともあるので、しっかり説明を受けたうえで判断しなければなりません。**自由度が高い裏側に、事細かに確認する必要がある**ことも覚えておいてください。

また、地域それぞれに気候風土があり、土地の状態も違います。大手ハウスメーカーが展開する**規格住宅が、どの地域にも合うわけではない**のです。そういった意味でも自由度が重要です。

一方で**大手の住宅がその地域の環境に合致している場合は魅力**ですよね。やり取り

【表4】大手ハウスメーカーと工務店のメリット・デメリット比較

業態	メリット	デメリット
大手ハウスメーカー	・完成形を最初に確認できる ・契約から納期までが最小時間 ・住宅ローンなど手続きを一括で行える	・オリジナルの家づくりが難しい ・気候風土に適さないことがある
工務店	・こだわりを反映できる ・変更にも柔軟に対応できる ・気候風土に適した家づくりができる	・要求するごとに事細かな確認が必要 ・要求が多いほど、工期が伸びる ・住宅ローンなどは個別に行うケースが多い

の時間が短縮され、早く家が手に入るわけですから。つまり、**条件が合っていて早く家を手に入れたい場合は、大手ハウスメーカーが適しています**【表4】。

これらの特性を踏まえたうえで自分に合った住宅会社を選んでほしいのですが、判断したあとに思わぬ後悔、もしくは取り返しのつかない損害が発生してしまうことがあります。

○家が完成せずにお金も戻ってこない

私は大工時代に取引先となる住宅会社の良し悪しを現場目線で感じてきました。先に述べた規定やマニュアルがなければ大工の仕事も成り立ちません。お客さまの人生がかかっていますから好き勝手につくることなどできないのです。現在は工務店の代表者としてさまざまな方とやり取りし、その過程で他社の話を聞くこともたくさんあります。

そういった話の中でお客さまが最もお困りなのが、**家を手に入れる前に住宅会社が倒産してしまったケース**です。**支払ったお金も戻ってきません。**

家を購入する際の契約書には支払い条件も記載されています。**契約時に1割、着工時に3割、上棟時に3割、最後に残りの3割を支払うというのが一般的**だと思いますが、もし**契約時に3割とか4割の支払い条件になっていたら疑問を持ってよい**でしょう。まだなにもしていないのに3割以上のお金を払うのっておかしいと思いませんか。会社の資金力に問題があるのかもしれません。もちろん他社の財務状況は知るよしもありませんが、私も経営者になって財務業務に関わっているので予測できる部分もあります。

また**構造や建材、設備を幾度となく変更するような会社も要注意**ですね。お客さまの要望を真摯《しんし》に受け止めて対応しているケースもありますが、なかにはトータルコストを考えず、あとになってお客さまが驚くこともあるからです。建築内容をコロコロ変えるのは事故のもとにもなるので、現場としてもやりにくくなるだけ。こういうのも欠陥住宅をつくるひとつの要因といえるでしょう。

補足ですが、住宅業界には「夜訪《やほう》」という言葉があります。これは営業担当者が約束なしに自宅を訪ねてくることです。頼んでもいないのに図面をつくってくるような場合もあり、その余計なことが営業費用として住宅価格に上乗せされるので注意が必要です。

最後にみなさんの誤解を解くためにお伝えしたいのですが、**多くの住宅会社はお客さまの目的を叶えるために努力しています。**ごく一部に〝売るだけが目的〟となっている会社や担当者がいるので気をつけていただきたい、ということです。

家づくりに限らず良好な関係性を築くには、十分な話し合いが必要だと思います。家づくりを自分ごとと捉えて真摯に向き合ってくれる住宅会社や担当者を見つけていただきたいですね。

Part 3

高性能住宅とはなにか

～よい間取り、不要な設備を見極める

高性能の本質を見極める

〝住んでみないとわからない〟では人生を保証できません。中古や建売住宅は別として、規格住宅やフルオーダーの住宅は完成前からある程度確認することができます。耐震性、耐久性、断熱性、省エネ性を見極めるポイントを解説します。

○一度ではなく何度も地震に耐える家

地震の多い日本では建築基準法で耐震の規定があります。その基準に耐震等級（1～3）がありますが、「耐震等級1」でも建築基準法を満たしたことになります。等級1は地震が発生した際に倒壊・崩壊しない住宅のことで、住宅が損傷しないという意味ではありません。つまり、大きな地震が起こったのちにそのまま住み続けられる保証はないのです。**長期優良住宅の認定を受けるには、一般的に耐震等級2以上が必要です。**

ここで土地についても触れておきましょう。part2の土地選びでもお話ししましたが、地盤の強さは防災のとても大きな要因です。**地盤については調査データをもとにした説明を受けるとともに、地盤改良の方法や費用についても確認**しておきましょう。ちなみに地盤改良にも限界があります。それでもその土地を選ぶだけの理由がある場合は、高い耐震性の家づくりを追求していただきたいです。

耐震性で求めたいのは、繰り返しの地震に強いこと。構造が関係してきますが、構造計算の一種に「許容応力度等計算※」というものがあります。耐震性の指標を示す計算方式のことですが、これを導入している住宅会社であるかどうかが、耐震性を見極める最も簡単な方法だといえるでしょう。構造、建材のすべてを計算していく必要があり、これは耐震性の根拠を示すものでもあります。

「許容応力度等計算」を説明してくれる住宅会社は、単に住宅の価値の高さをアピールするのではなく、根拠ある耐震性の家づくりを行っているといえるのです。
これには設計も関係してきます。経験があり、技術力の高い設計士が当然安心というわけですが、図面だけで見極められるものではないでしょう。図面を見ながら質問し、その受け答えの様子や内容で本質が見えてくると思います。

どんなに設計がしっかりしていても、それを実現できるかは別です。職人の技術力も重要ですが、なによりも施工品質を確保する仕組みがあるかが重要です。施工方法の約4割は規定が設けられていないとお伝えしましたが、この4割の部分に施工品質を高める要因があるのです。**施工のマニュアル、チェック体制、不備があった際の修復の方法などがあるか、確認**してください。
また現場に何度か訪れることで、工事する雰囲気からどんな管理体制のもとで作業しているかをなんとなくでも感じられるでしょう。

管理体制がしっかりしている住宅会社は、今行っている工法にも常に課題を見つけ

ようとしています。

例えば耐震性を保つものとして「真壁納《しんかべおさ》まり」というものを設置します。揺れに対して力を逃す役割のある構造物ですが、これはパネルのつけ方、もっというと釘《くぎ》の打ち方ひとつで性能がぐんと変わってくるのです。

さらに確認してほしいのが、**長期的耐久性を追求しているかどうか**。湿気対策や漏水対策の内容について質問してください。シロアリや腐朽菌など、より具体的な質問をしてもよいでしょう。

耐久性については、118頁で詳しく解説します。

※許容応力度等計算 ▽ 建築物の部材に生じる力の計算、地震力によって生じる変形量の計算を合わせたもの。許容応力度（地震などが発生した際に必要な強度）を上回ることが求められる。

○一年中快適な室温を維持できる家

まったく断熱をしていない住宅はないでしょう。ただし、**断熱の性能には雲泥の差があります。**

断熱は外壁の断熱のほかに**「床断熱」**と**「基礎断熱」**に大別できます。前者は床の下に水平に断熱材を敷く施工で基礎と床の間は外気と同じくらいの気温のままです。後者は基礎の上側と立ち上がり部分に断熱材を敷く施工で、基礎から床までの空間が暖まります。

それぞれメリットもデメリットもありますが、両者のメリットを合わせた工法で**「通気断熱WB工法」**（204頁参照）というものがあります。WB工法と略すことが多いです。Wはdoubleで二重構造の通気層、Bはbreathで呼吸という意味。これは床断熱をしたうえで基礎の立ち上がりの外周部も断熱する工法です。

どの断熱の工法でも重要なのは、冬は暖かくて夏は涼しいこと。断熱材をたくさん入れれば冬は暖かくなっても夏は涼しくないという事態になることもあります。バラ

形状記憶合金

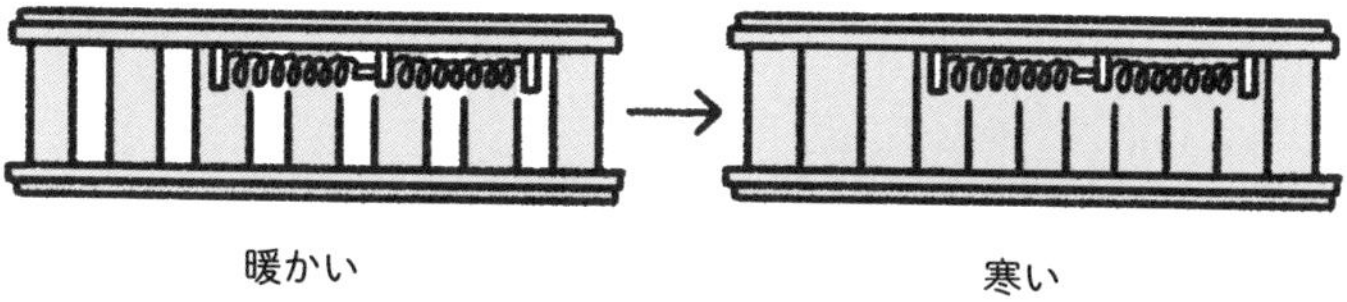

スプリングが伸びることで通気口が開く。
スプリングが縮むことで通気口が閉まる。

スもさることながら断熱構造と細かな施工が快適な室温を一年中確保することにつながります。

ポイントになるのが**通気性**です。建物の中で空気の流れをつくりだす構造が求められます。その空気は最終的に屋外に出ていきますが、それが通気口からになります。

「形状記憶合金」というものを活用し、温度によって通気口の開け閉めが自動で行われます。**寒い時期は通気口が閉まって冷たい外気を家の中に入れず、暑い時期は空気を外に逃す仕様になっているのです。**もちろん雨が入ってこない構造になっています。

空気は壁の中でも流れ、これを**通気層**といいます。この構造による家は、施工過程でも確認できます。現場に行って建物の中に入ると、冬はほわっとした暖かさを感じ、夏はひやっとした涼しさを感じるはずです。夏場は本来外気の影響で熱が発生しているものですが、その状況で涼しさを感じたら高い断熱性だと思ってよいと思います。

あと、通気性がよいと臭いもとどまりません。

断熱では**気密性**も重要です。これも現場を訪れて確認するとよいでしょう。気密性が確保された施行かを確かめてください。特にお風呂場《ふろば》は断熱がお湯の使用量に大きく影響します。**お風呂場がしっかり断熱されていれば省エネ効果も高くなる**わけです。

結露対策も気になるところです。断熱性が高くなれば室内と外気の温度差が大きくなり結露が発生しやすい状況になります。それが建物の耐久性に悪影響を及ぼします。ピン※など鉄製の部材がウレタンフォームで被覆されているかなど、施工内容を細かく説明してくれる住宅会社は信頼できますね。

この断熱性も等級があります。少し前までは4が最高等級でしたが、現在は7まであります。**等級を確認しておくだけでも性能の見極めに役立つ**でしょう。なお、建築物省エネ法の改正により、2025年には断熱等級4は最低基準となり、これに満たない住宅は建てることができなくなります。

※ピン ▽ 部材を接合するために端にある穴に挿入する細い棒状の材料。

○長期的に持続する太陽光発電

断熱性が高ければ冷暖房の使用が減るので、省エネになります。さらに**光熱費の助けになってくれるのが太陽光発電**。業界最長の40年保証という太陽光発電パネルもあり、その期間メンテナンスもほとんど必要なく、コスパがとてもよい製品です。

製品の品質を確保するには、当然、設置の施工技術が伴います。パネルが長持ちしても設置する屋根に損傷が出たら元も子もありませんからね。

パネルはビスで留めることがありますが、ビスは漏水のリスクを高めます。ステン

太陽光発電パネル

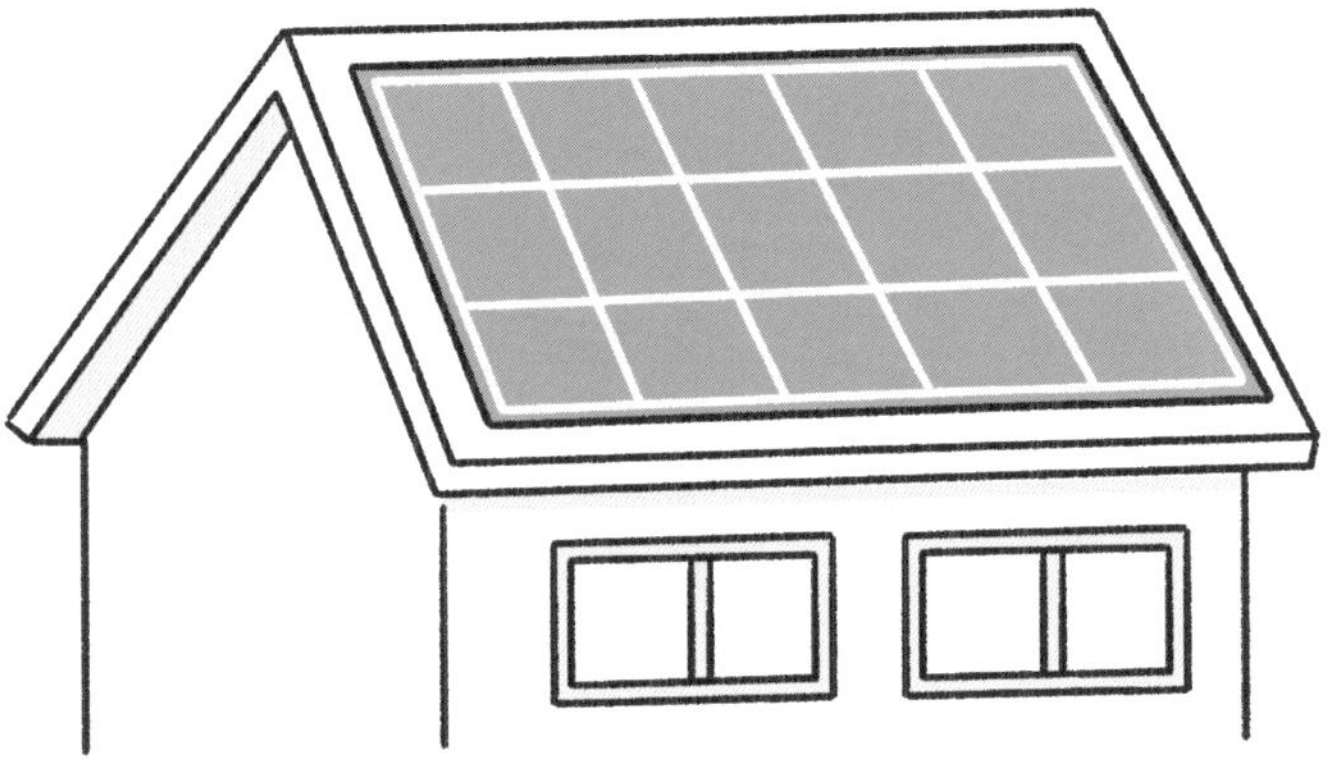

太陽光発電パネルは40年保証のものもある。保証期間はそれ以上の耐用年数を想定して設定されている。

レス金具で屋根の出っ張ったところをつかむようにして設置する技法を採用すると漏水リスクがかなり抑えられます。

家が完成したとき、太陽光発電もあって省エネ性が高かったとしても、設備の耐久性が低かったり、メンテナンスコストが増えたりしては、高性能の恩恵を受けられませんよね。

長期的に活用できるエネルギーシステムであるかどうかも、高性能の判断をするチェックポイントになるのです。

高性能住宅は長期的にその性能を担保できるものです。その代表が長期優良住宅です。

耐震性、断熱性、省エネ性の3つを解説しましたが、耐久性への言及が不十分かもしれません。耐久性は鉄筋、木造といった構造の根幹にも関わることなので、次で詳しく解説していきます。

住宅構造に見る家の耐久性

平均寿命は延び続けています。これは体の構造が変化したのではなく、生活習慣の改善、食事の質、医療などさまざまな要素の質が高まっての結果ですよね。住宅の耐久性についても同様です。鉄骨造、RC構造※、木造建築の構造について解説します。

○地震、台風、火災、湿気に強い家

ライフプランを考えるうえで老後にどれだけお金を残しておくかは重要ですよね。それが初期費用やランニングコストなどマネープランに関わってきますが、**鉄骨造、RC構造、木造建築のうち、高性能住宅という条件をつけて比較した場合は、木造建築が最もコスパのよい家**といえます。

part2で坪単価について解説しましたが、鉄骨造は70～80万円、RC構造は80万円以上、木造は60～70万円を目安と考えてください。これは初期費用での坪単価の比較になりますが、ランニングコストやメンテナンスコストを考慮しても木造が最も低い単価になります。

例えば断熱性でいうと鉄骨造は熱伝導性が高いため、冬は寒く、夏は暑いということを避けられません。よってエアコンの稼働率が高くなり、光熱費がとても高くなります。RC構造には鉄骨のほかにコンクリートも使われるので、より蓄熱量が多く、室温を快適にするまでに大きなエネルギーを要します。それを解消するには鉄骨造もRC構造も外断熱という工法が必須《ひっす》になります。

では木造建築のなにが不都合なのか？　わかりやすくいうと木材は鉄骨やコンクリートよりも弱い建材です。よって**木造は鉄骨造やRC構造に比べて地震、台風に弱い側面があります。**

火災についてはどれが最も安全かは一概にはいえません。木材が一番燃えやすいのは確かですが、鉄骨造の場合は熱で湾曲して倒壊するまでが木造より早いという見解もあります。一方でＲＣ構造は火災にも強いといわれています。

建物自体が重い鉄骨造とＲＣ構造は災害に強く、耐久性の高い住宅です。特にＲＣ構造は優れています。さらに大きな建物をつくることができ、木造ではできないデザインを選択することもできます。例えば２階にせり出した部分をつくるなど、よりこだわった外装デザインにできる住宅ともいえます。資金に余裕があり、デザインにこだわりたい人には最適かもしれません。

ただし、**木造建築でもデメリットとされる部分を解消できます。つまり耐久性を高めることができるのです。**これが人間の平均寿命を延ばすための要素と似ているのです【表１】。

※**ＲＣ構造**▽柱や梁《はり》などの主要部分を鉄筋とコンクリートで構築している。

【表1】鉄骨造、RC構造、木造それぞれのメリットとデメリット

	メリット	デメリット
鉄骨造	・耐震性が高い ・耐久性が比較的高い	・初期費用が高い ・断熱性が低い
RC構造	・耐震性が高い ・耐久性が高い ・外装デザインの選択肢が広い	・初期費用が最も高い ・断熱性が低い
木造	・初期費用を抑えられる	・なにもしなければ耐震性が低い ・なにもしなければ耐久性が低い ※耐震性も耐久性も高める方法はある

○断熱性を高めるWB工法は湿気対策にもなる

実は木造の耐久性を高める方法についてはすでに解説しました。耐震性、断熱性の追求が耐久性を高めることにつながるのです。それぞれ等級が高い家づくりにすれば長持ちします。あとは湿気対策が重要になります。断熱性のところでも出てきた**WB工法が湿気を解決**してくれます。

床断熱をしたうえで基礎の立ち上がりの外周部も断熱する工法のため、基礎から床までの空間も一定温度に保たれます。湿度の高い夏場は、床下の通気量が多くなるため湿気がこもりません。その環境ではシロアリの発生もなし。1万戸以上が建てられてきましたが、1戸たりともシロアリは見つかっていません。メンテナンスをしやすいという特性もあります。ただし、高い施工レベルが必要であることも忘れないでください。

実は**耐震性、断熱性、耐久性はセットで考えなければなりません**。それぞれが必要とする建材の組み合わせと施工方法がとても重要になるからです。

【冬場】　通気断熱WB工法

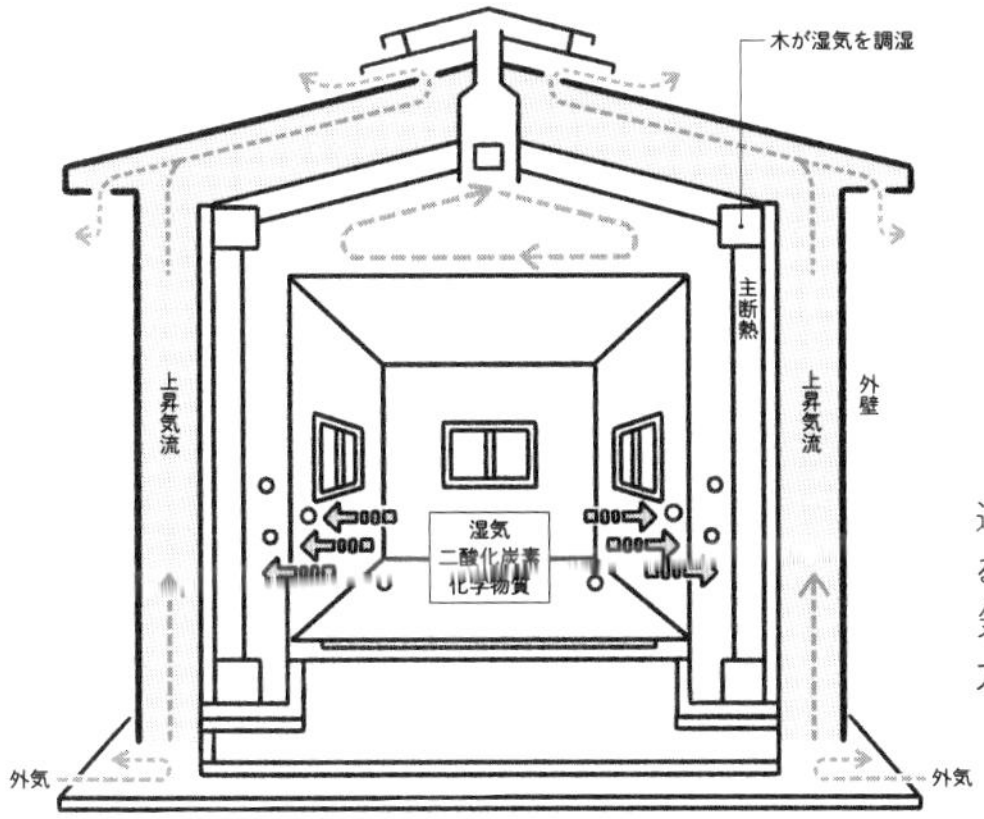

通気性に優れていることから床下の湿気がこもらず、シロアリが発生しない。

図の出所：株式会社ウッドビルド

また木造の耐久性が低いとはいいきれません。法隆寺は１４００年保っていますからね。重要なのは構造と施工方法。一方でローコストでつくった木造住宅はデメリットが如実に現れます。繰り返しになりますが、高性能住宅に限ってデメリットが解消され、さまざまなメリットの恩恵を受けられるのです。

補足になりますが、ＲＣ構造も漏水対策をしていないと鉄筋が錆《さ》びて耐久性が落ちる側面もあります。

どの構造においても適切な手を打っておかなければ長持ちする保証はないわけです。

100年先まで快適な空間を叶える構造

断熱性のみを高めようとしてしまうと、知らないところで家を劣化させる事態に。建物の耐久性に悪影響を及ぼすことがあるのです。建物と快適さを長持ちさせるための断熱性と気密性、耐久性の関係について解説します。

○間違った断熱性の追求が招く悲劇

現在の住宅建築では断熱の施工をすることは常識です。ただ、すべての住宅で断熱性が担保されているかというと、そうでもない事実もあるのです。断熱性を追求するひとつに、断熱材を増やすことがあります。断熱材を厚くすると冬は暖かく、夏は涼しくできる理論は間違っていませんが、**湿気や結露対策がされていなければ建材が劣化して建物の耐久性もどんどん低くなってしまいます。**その結果、断熱材も劣化して断熱性まで失われることになります。追求した断熱性が実現されず、さらに家の耐久性などに支障が出てしまうことは悲劇としかいいようがありません。悲劇を招く事態は次の5つです。

①湿気を室内にとどめてしまう

昔ながらの日本家屋は木材中心で、壁には土を使っているため通気性に優れていました。現在の住宅は新建材やビニールクロスを使用しており、なにもしなければ湿気がとどまりやすく結露が発生しやすいと思ってください。

例えば断熱材の内側に気密シートを貼っているとします。冬場は室内の湿度が外よりも高いのですが、湿気は気密シートで止まるため断熱材には影響しません。ところが夏場は外の湿度が高いため、室内に入ってこようとします。すると同じく気密シー

断熱構造の比較

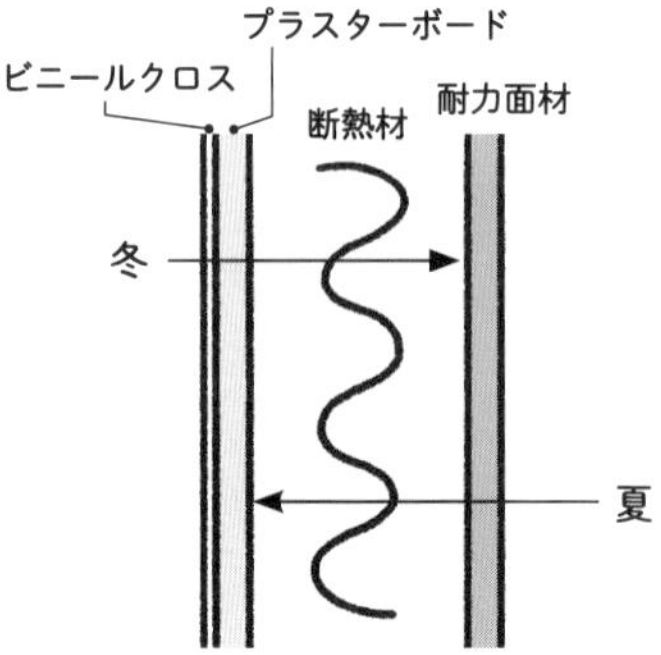

冬は室内の空気が断熱材を透過して温度が下がり、耐力面材の内側で結露する。夏は外気が流入してビニールクロスの内側で結露する。

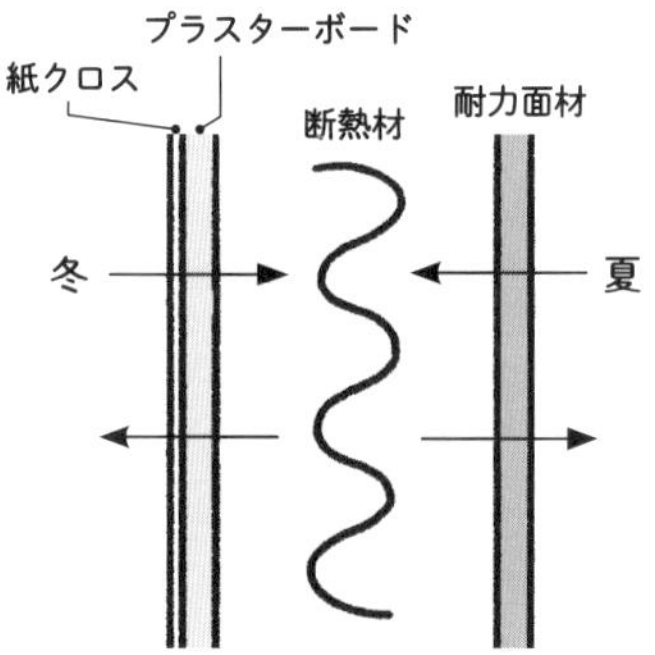

ビニールクロスを紙クロスに、プラスターボードや耐力面材を湿気の抜けやすいものに変更すると、冬も夏も湿気が入っても抜け、結露リスクが軽減。

トのところで湿気がとどまります。室内はエアコンで温度と湿度を下げていますから、温度差によって断熱材の隙間に結露が生じてしまうのです。

湿気は水蒸気でとても細かな物質のため、完全に入らないようにすることはできません。その特性を考えてできる対策としては、断熱材の外側にある**耐力面材**※**やプラスターボードを透湿抵抗値の低いものにする方法**です。〝湿気が入っても抜ける〟という原理を働かせるわけです。また、**透湿抵抗値の高い（湿気が移動しにくい）断熱材を一層だけ使用することも有効な手段のひとつ**です。

ちなみに外断熱など、透湿抵抗値の高い断熱材を二重にして施工すると、外壁からの漏水があった場合に建物のダメージが大きくなるリスクがあります。断熱材に湿気がたまるとシロアリや腐朽菌を発生させることになり、断熱性が落ちるばかりでなく、建物の損傷につながってしまいます。先に説明した鉄骨造やRC構造は外断熱になるためリスクが高いのです。

②気密性のあまさにつながる

かなり高い施工技術がないと断熱構造の隙間を解消できません。また断熱材が増えると外と中との温度差が大きくなるので結露リスクも高まり、隙間があればそこに結露が発生してしまうわけです。

丁寧な施工をしている会社は**「気密測定」も念入りに行います**。ただ、一般の人が測定値を確認するのは難しいですよね。気密性を確認するには、冬場や夏場にその住宅に宿泊して体感すること。宿泊体験できる住宅会社を選んでおくと安心ですね。

気密性を高めるには断熱の施工精度を高めることと、壁材の構成を完璧《かんぺき》にすること。

一般的な断熱方式

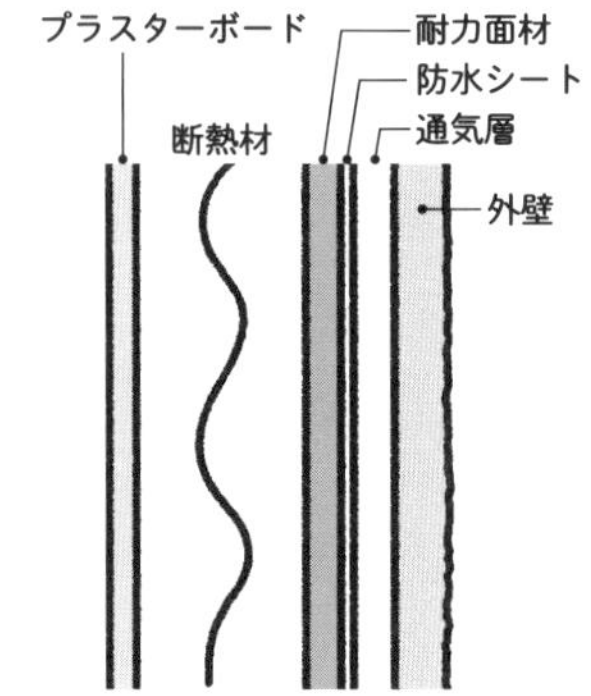

透過抵抗値のあまり高くない防水シートと耐力面材を使うことで、入ってきた雨が抜け、劣化しにくい。

外断熱方式

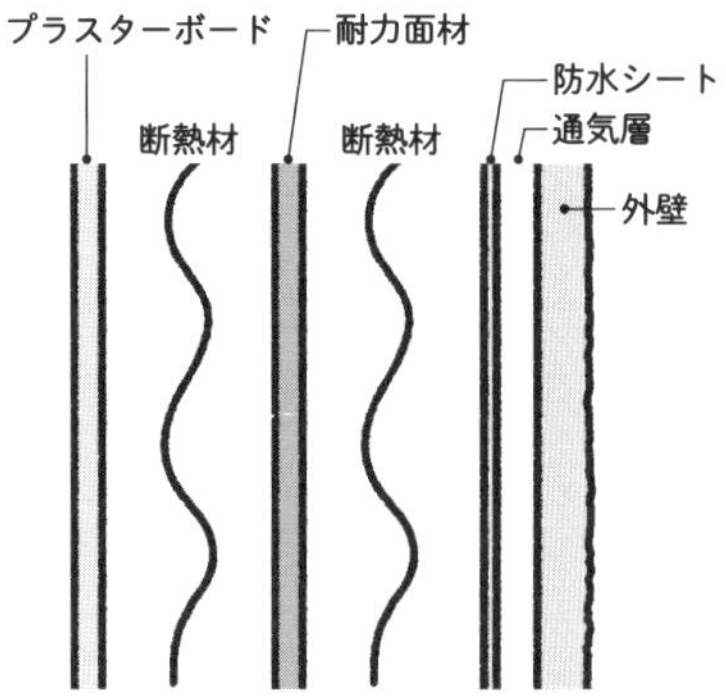

透湿抵抗値が高いものだと水は抜けにくく、低いものにすると冬は加湿しても湿気が抜けてしまい、夏は除湿しても湿気が入ってきてしまう。

どちらか一方でよいのではなく、二重の保険をかける意味合いで両方を徹底するべきでしょう。

③漏水のリスクがある

まず一般的な断熱材を入れた壁の構造を解説すると、室内側からプラスターボードという壁下地の建材があり、断熱材、耐力面材、防水シート、通気層、外壁という順になります。どんなに精度が高い外壁を施工したとしても雨で水が入ってくることを想定しておかなければなりせん。防水シートも同様で絶対に防げるという保証はないので、水が入ってきても大丈夫だという観点でお話しします。

水が入ってくると断熱材や耐力面材が損傷します。これを避けるには、**防水シートと耐力面材の透湿抵抗値をあまり高くないものにする**こと。すると水が入っても抜ける仕組みになるので、劣化しにくくなります。

外断熱のケースではさらに悲惨です。プラスターボード、断熱材、耐力面材、断熱材、防水シート、通気層、外壁という構成になり、断熱材が耐力面材を挟んだ状態になります。

断熱材が透湿抵抗値が高いものだと水は抜けなくなります。断熱材の透湿抵抗値の低いものを設置すると、冬場に加湿しても抜けてしまい、夏場に除湿しても湿気がどんどん入ってくる事態に。つまり、**透湿抵抗値の高い断熱材をひとつだけ設置するほうが理に適《かな》っている**のです。

④通気層がない

通気層が連続した状態で設置されていれば、万が一水が入っても抜けます。ところが設計によっては通気層の出口が塞《ふさ》がれているケースがあるのです。この**通気層は熱気や湿気を抜く役割**もあります。この抜け道をつくる材料を通気《つうき》胴縁《どうぶち》といいますが、

通気層の構図

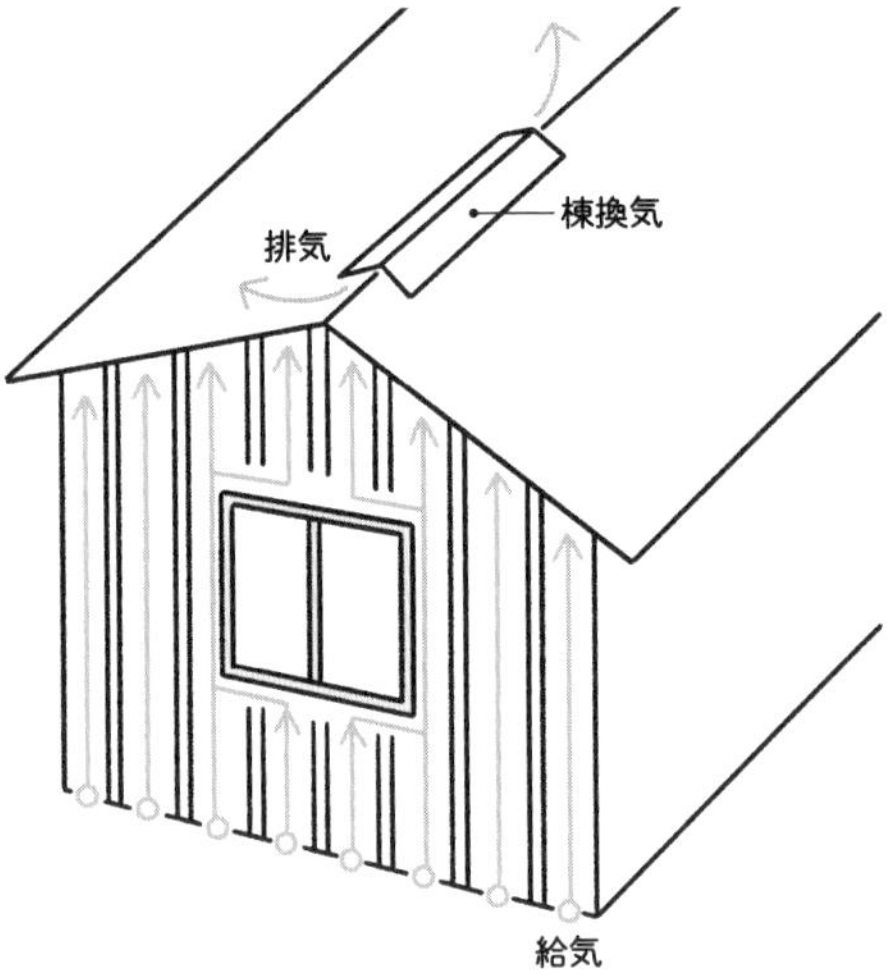

通気層の構造のミスとしては、窓の部分で通気層がふさがれているケースがよくある。水や湿気、熱気を抜くには、通気層の出口がふさがれないような構造にする必要がある。

その先に窓が設置されていると道が塞がれてしまいます。この場合は通気胴縁を短く切って横に抜ける道をつくるのが適切な施工です。

適正な通気層は、地面の近くにある給気部分から屋根にある棟換気という排気口までが連続していること。日射によって発生する熱気も通気層を流れて屋根から出ていくわけです。暖かい空気は上昇する性質がありますから。

内部構造を確認するのは難しいかと思いますが、質問をしてみて腑《ふ》に落ちる回答があるかどうかで判断できるでしょう。いずれにしてもある程度の知識が必要というわけです。

⑤空気が悪くなる

成人は一日に20kgも空気を吸っているそうです。空気は気分を左右するだけでなく、建材や家電製品、家具などから発せられている化学物質を吸うことで健康面にも影響します。そこで建築基準法で**「機械換気」の設置が義務づけられています**。機械設備によって強制的に換気をするシステムですね。

一方で**自然換気**というものもあります。ただし、断熱性を高めるために気密性を高めてしまうと、空気の出入りがしにくくなってしまいます。そこで有効なのが通気層です。**内壁がすべて通気層になっていれば、空気は自然に循環**します。

高断熱高気密が一概にダメというわけではありません。かなり高い精度であれば5つの要因を避けられますが、家づくりに絶対はありません。どんなに腕のいい職人でも完璧ではないのです。そのリスクを避けるのに最も適しているのがWB工法です。

本書で何度も紹介している工法ですが、結露の発生リスクがとても低い構造です。補足ですが漏水に関しては保険に入れば補償があります。万が一損傷した場合も保険で修復できるのです。ただし、一般的に**内部結露は保証の対象外**です。

断熱性を高めるために初期費用をかけたのに、湿気や漏水によって断熱性が低くなり光熱費が増し、損傷した部分を修復するためにメンテナンスコストがかかり、場合によっては建て替えることに。そんな悲劇を招かないためにも正しい知識を持っておきましょう。

※**耐力面材**▽地震などで加わった力を壁全体に分散させる効果のある部材。

○断熱性で考慮したい日射と内部発熱

間違った断熱性の追求による悲劇をお伝えしましたが、みなさんを恐怖にさらそうとしているわけではありません。**住まいはさまざまな要因によって変化**し、私たちはそこで生活していることを認識してほしいだけです。

日射もそのひとつ。家には日射を防ぐためにひさしがありますよね。サンシェードやすだれで日射を防ぐ方法もあります。

あとは窓が重要です。窓が大きければ室内にダイレクトに日射が入ってきます。明るい部屋にできたとしても、夏場は日射で暑くなってしまうのです。その場合、**小さな窓にして光だけを取り入れる設計にする**のが有効。また**西側に窓をつけないことも対策**です。建物が熱せられた状態で、さらに西日が入ってくると室温を下げるのにエアコンのエネルギー量が増します。

気温も室温と関係してきますが、日射、気温の影響を防ぐには断熱材を厚く、性能のよいものにすることです。断熱材の性能と壁構造が湿気対策にも関係することは先に述べたとおり。冬場は室内の湿気が外に出てしまいますが、室内から外に出したいのは湿気ではありません。**臭いや化学物質**などです。

夏場は**内部発熱**を考慮しなければなりません。冷蔵庫、テレビ、パソコンなどの家電から熱が出ています。さらに人間からも熱が発せられています。成人だと100Wくらいの熱量を発しています。狭い空間に大勢が集まって暑く感じた経験があるでしょう。

室内は断熱材の内部です。なにも対処しなければ内部発熱は室内にこもったまま。

熱を外に逃す換気が必要です。

温度の高い空気は上昇するので、窓を高い位置につけて熱気を排出する方法もあります。

最も有効なのが、やはりＷＢ工法。湿気を外に出す構図と同じです。二重構造の通気層があるわけですから、自然に室内の熱量を外に排出できるわけです。

これは臭いにおいても同様。先述の「⑤空気が悪くなる」のところで解説したとおりです。ＷＢ工法はこうした空気の流れもよくでき、**「形状記憶式自動開閉装置」**で**温度を感知し、換気口を自動的に開閉できる**わけですから、室内の空気も常にきれいなんですよね。

夏場の断熱性を高める窓の配置

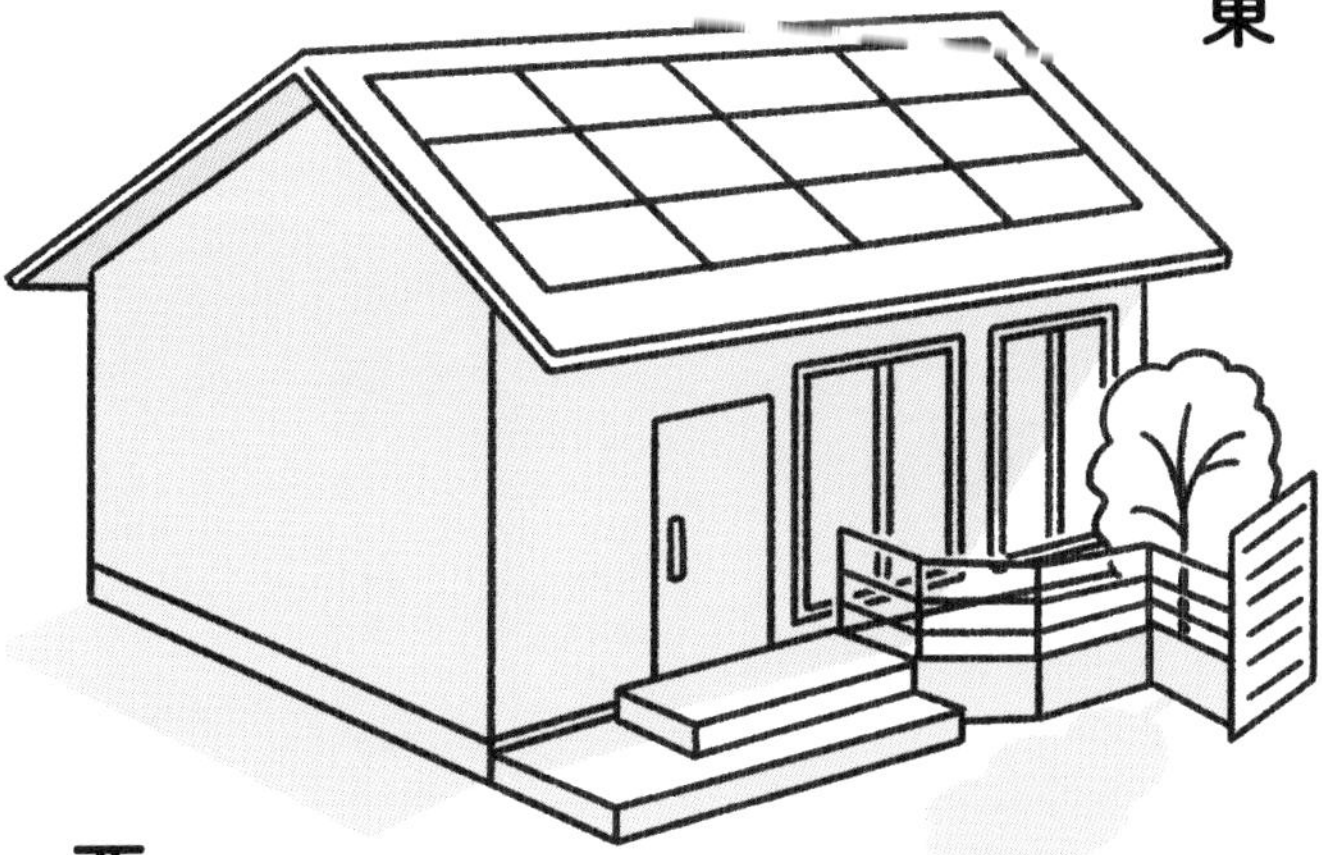

夏場の断熱を考えると、西側には
窓をつけないほうがよい！

平屋と総二階、3階建の住まい比較

ここ十数年で平屋の建築数が増え続けています。なぜ平屋が注目されるようになったのか？　ここでは平屋、総二階、また3階建のメリットとデメリットを徹底比較し、住み方に合うものを探っていきます。

○耐震性なら平屋、コストなら総二階

延床面積が30坪の家を建てる場合、平屋と総二階のどちらの初期費用が高いでしょうか？　答えは平屋。総二階なら15坪の敷地で1、2階を合わせて30坪になります。平屋は建物を大きくしなければならず、面積を小さくするにしても屋根を大きくする必要があるので高くなります。ただこの屋根の広さは、太陽光パネルをたくさん設置

できるというメリットもあります。

平屋のほうにコスト減できる要素もありますが、**トータルで考えると初期費用では総二階のほうが安価**です。

それでも平屋が人気なのは、メリットがたくさんあるからです。また、大震災のあとに家が倒壊して建て替える際、平屋が増えたとも聞きます。

そうです、**平屋は耐震性の高いところが大きなメリット**。総二階の耐震性が低いというわけではありませんが、同じ構造の住宅で比較した際に平屋のほうが耐震性に優れているということ。先に述べた太陽光発電にしても耐震性、耐久性が高いことが設置の前提になります。

ちなみにですが、**3階建の住宅は建築法規で確認申請の際に構造計算が義務づけられています**。平屋と総二階には多くの場合、構造計算書の添付は必要ありません（特例あり）。よって3階建が耐震性に劣るとはいえません。

また初期費用は、3階建は重量が重くなるため、先の耐震性もしかり、構造面においてなにかと費用がかかります。総二階より高くなるのが一般的。地盤が悪ければ地盤改良の費用もかかります。

費用面について補足があります。平屋の場合は熱が逃げやすい特性があります。**総二階は、平屋に比べて外皮面積が小さくなり熱が逃げにくくなります。**光熱費の観点からも総二階のほうがコスパがよいのです。

窓の取りつけでは、総二階のほうが日射を考慮した設計にできますから冬は日を取り入れやすく有利です。ただし、平屋でも東西に長い建物なら十分に日を取り込めるので、一概に優劣はつけられません【表2】。

【表2】平屋、総二階、3階建ての比較（※各30坪、35年間住む場合）

	平屋	総二階	3階建て
建物価格	2,800万円	2,500万円	3,000万円
光熱費	1,000万円	840万円	840万円
メンテナンス費用	500万円※	600万円	600万円
トータルコスト	4,300万円	3,940万円	4,440万円
耐震性	有利	構造計算しない場合はリスクが高い	構造計算義務あり。構造コストは高くつく
間取り	・老後対応の間取り ・日射が取得しづらい縦長の間取りは室内が暗くなる	・寝室などを2階に持ってくることでプライバシーに配慮した間取りを作れる ・家事が1階と2階で分かれていると手間がかかる	・階段がふたつつくので移動が大変。エレベーターなどの設置を検討する場合はスペースが取られ、費用は数百万円増える
太陽光発電	設置量目安10kW	設置量目安6kW	設置量目安3kW

※外壁塗装などは足場がなくてもできるため、費用を比較的抑えられる。

○生活スタイル次第で構造の比較が変わる

平屋と総二階で延床面積が同じだとした場合、間取りが変わってきます。総二階で比較的多い間取りは、1階に玄関、キッチンダイニング、リビング、トイレ、2階に寝室ともうひと部屋です。

ここでお風呂を入れていないのは、1階と2階で設置場所の考えが分かれるからです。1階に入れると間取りが窮屈になりますが、2階は比較的余裕があるのでお風呂を設置しやすいという考えもあるのです。また寝室、お風呂、ベランダという動線ができるメリットもあります。

2階にお風呂を設置するデメリットとしては、水まわりの設計や構造は別として階段の上り下りの支障があると思います。これはお風呂に限らず、**平屋はワンフロアで生活のすべてをまかなえるわけですから利便性の高い間取り**といえます。老後の生活を考慮して平屋を選択する人も少なくありません。

間取りだけで考えると、動線がよく利便性の高いのに越したことはありませんが、

総二階には1階と2階とで生活スペースを分けられ、プライバシーを確保できるという利点があります。来客時に2階のプライバシーは守られ、子どもの生活スタイルにも合わせやすいのです。

平屋の空間づくりでの補足として、階段を設置する必要がないため空間を有効活用した間取りにできるメリットもあります。また敷地面積を大きくしなければならないという条件をうまく活用し、デッキを設置したり庭を充実させたりできるという魅力もあるでしょう。

平屋と総二階との比較に限ったことではありませんが、**どこで、誰と、いつまで、どのように暮らすかというライフプラン次第で間取りは変わってくるべき**です。

冒頭でも述べましたが、平屋は敷地面積を要する分、初期費用が高くなります。ただし、土地代が安いところではその費用差が大きなリスクにはならないでしょう。

平屋の間取りの事例

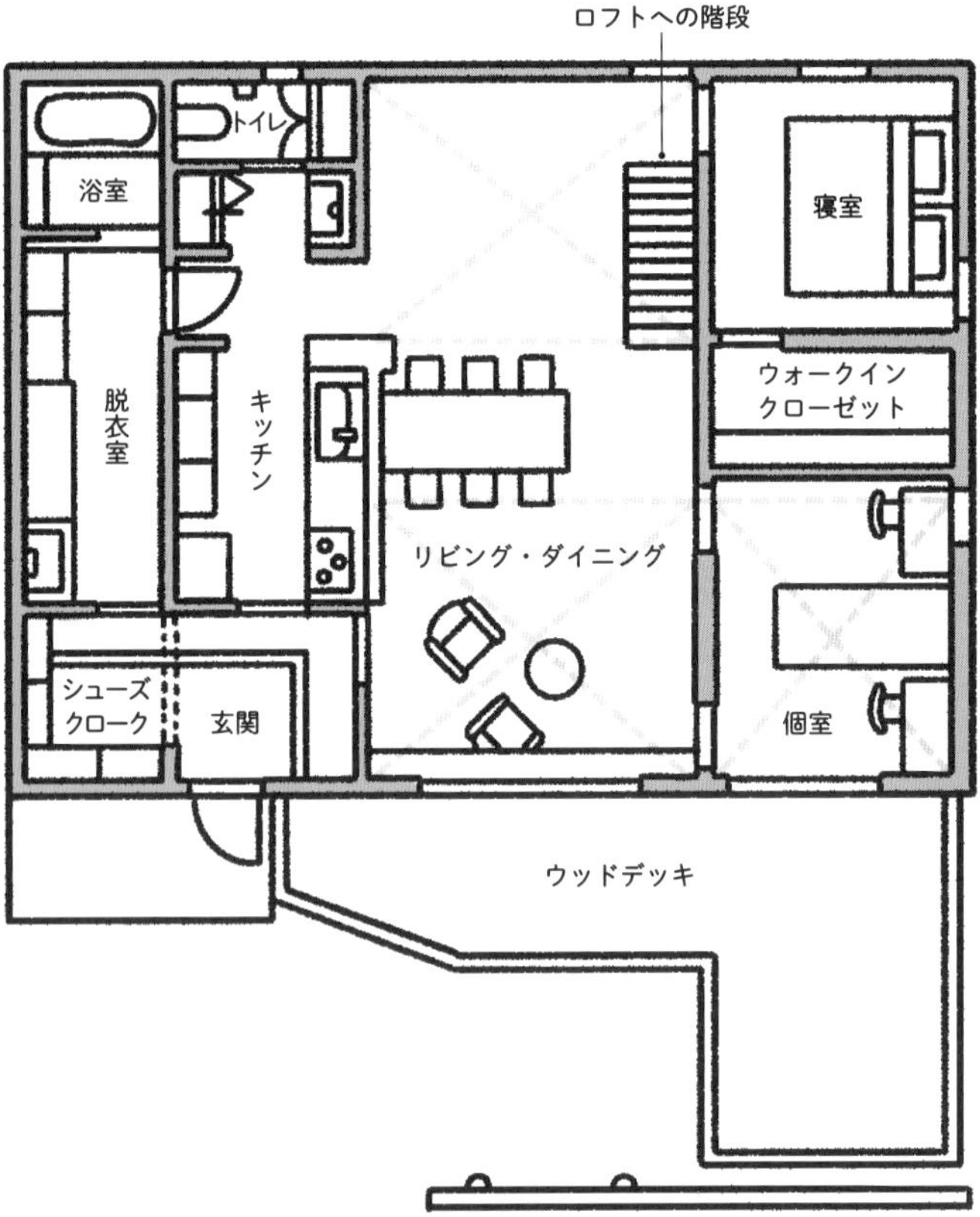

家事効率を高めるためにキッチンと脱衣室を隣接させ、リビングからどの部屋にも行き来できる間取り。ロフトがある平屋なので階段もある。

総二階の間取りの事例

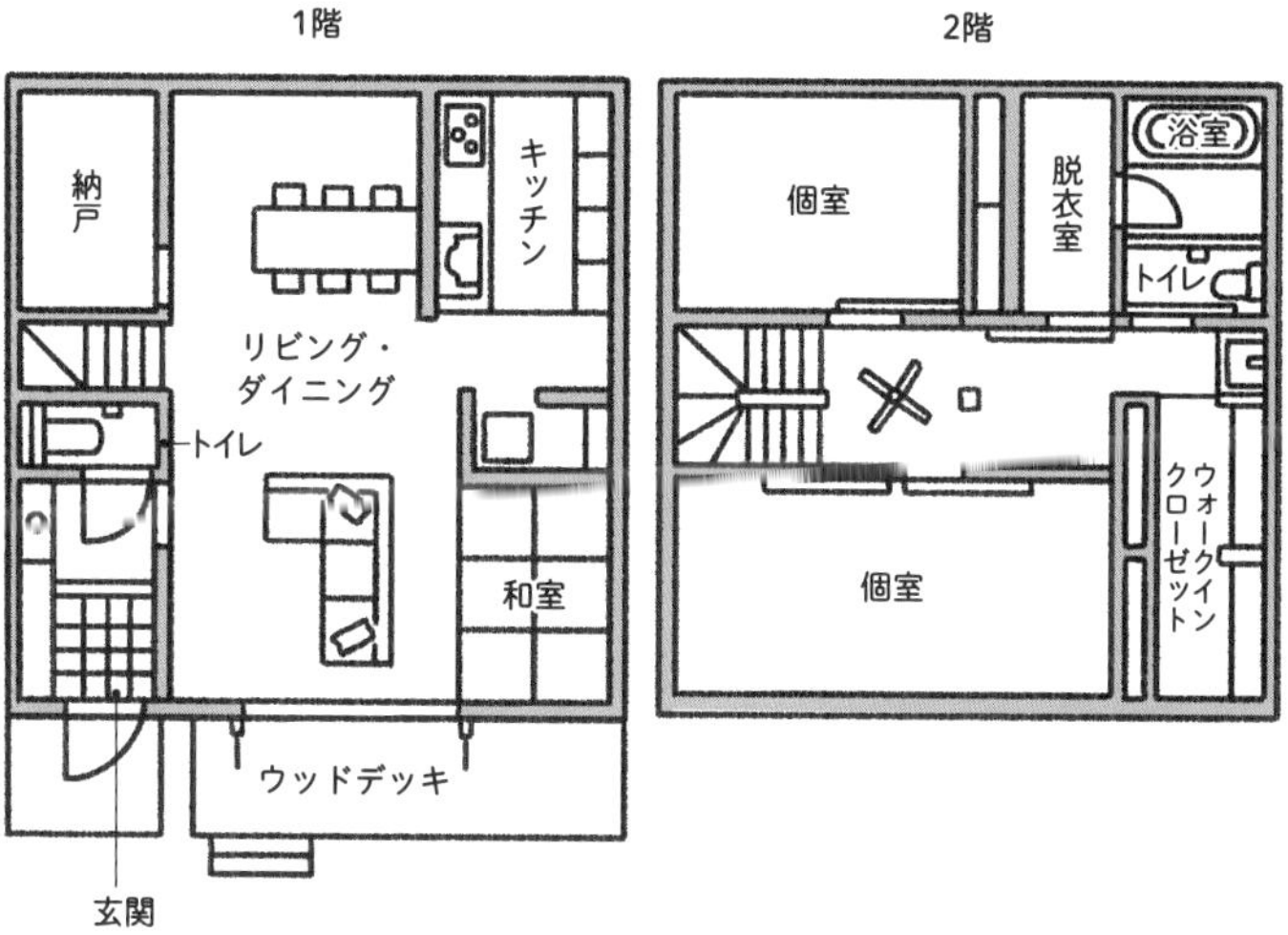

お風呂を2階に設置することで1階のスペースを有効に使えている間取り。トイレは老後のことを考えると、1階には必ず設置しておきたい。

動線を考えた間取りの決め方

間取りを決めるには生活のイメージが欠かせません。それは住み始めたころだけでなく、10年後、20年後、さらには老後までのイメージ。間取りの良し悪しを判断する際、既存の住宅の間取りを検証することも役立ちます。

○家事の時短を叶える動線

間取りを考える前提に土地選びがあります。なぜなら道路や日射の位置関係は変えることができないからです。まず接道によって駐車場の位置が決まってきます。日当たりではどの部屋に最も日が入るようにしたいかを考え、例えばリビングの日当たりをよくしたいのであれば、必然的にリビングの位置は南側に面します。その場合、夏と冬それぞれの日射の影響を考慮し、窓の位置や断熱性と関連させていく必要もあるでしょう。

立地、性能を考慮した施工、費用の関係を考えながら動線のよい間取りにしていくと考えてください。住宅会社選びが重要になりますが、住宅会社からの提案がいつも正しいとも限りません。そこで知識を深めるために、事例を見ながら間取りの意味合いを理解してください。

　イメージしやすいのが家事の動線でしょう。ここでの**動線とは最短距離、短時間で移動を叶《かな》えるもの**とします。後述のようにキッチンと脱衣所を頻繁に行き来する場合は隣接させたほうがよいでしょうし、リビングにいる家族を見ながら料理したい人はキッチンとリビングのベストな位置関係を考えていきます。

　例えば料理と洗濯を並行する家事スタイルの場合、キッチンの隣に脱衣所があり、洗濯が室内干しならウォークインクローゼットも隣接させておけば、一連の流れで洗濯から収納までが行えます。その際気をつけたいのが換気。湿気が抜ける壁構成にして洗濯物を乾きやすくし、長期的に耐久性を維持できる家づくりが求められます。

またファミリークローゼットを設置する場合は、家族がそれぞれの部屋から出入りできる間取りがよいでしょう。**回遊性のよい動線**といいます。**家族の過ごし方に応じて部屋数が増える場合は坪数が増える**ことになるので、初期費用は必然的に高くなります。また人の通るところが増えると収納スペースがとれなくなるので、**収納を確保したい場合も坪数を増やすことになります。**

限られたスペースで間取りを考えるとすれば、例えばキッチンがL字型になるケースもあります。その際、料理をしている間はリビングが死角になり、家族の様子をうかがえません。

ほかにも買い物をして駐車場から家に入る場合、キッチンが遠いと不便というような考えもあります。

生活スタイルや家族構成によって勝手のよい動線は変わってきますが、間取りにはセオリーがあり、結局は似通ってくるものです。その中でどうアレンジするかが、快適な生活につながるわけです。**暮らしにくさを避ける、無駄なスペースをなくすとい**

家事動線のよい間取りの事例（2階建ての1階）

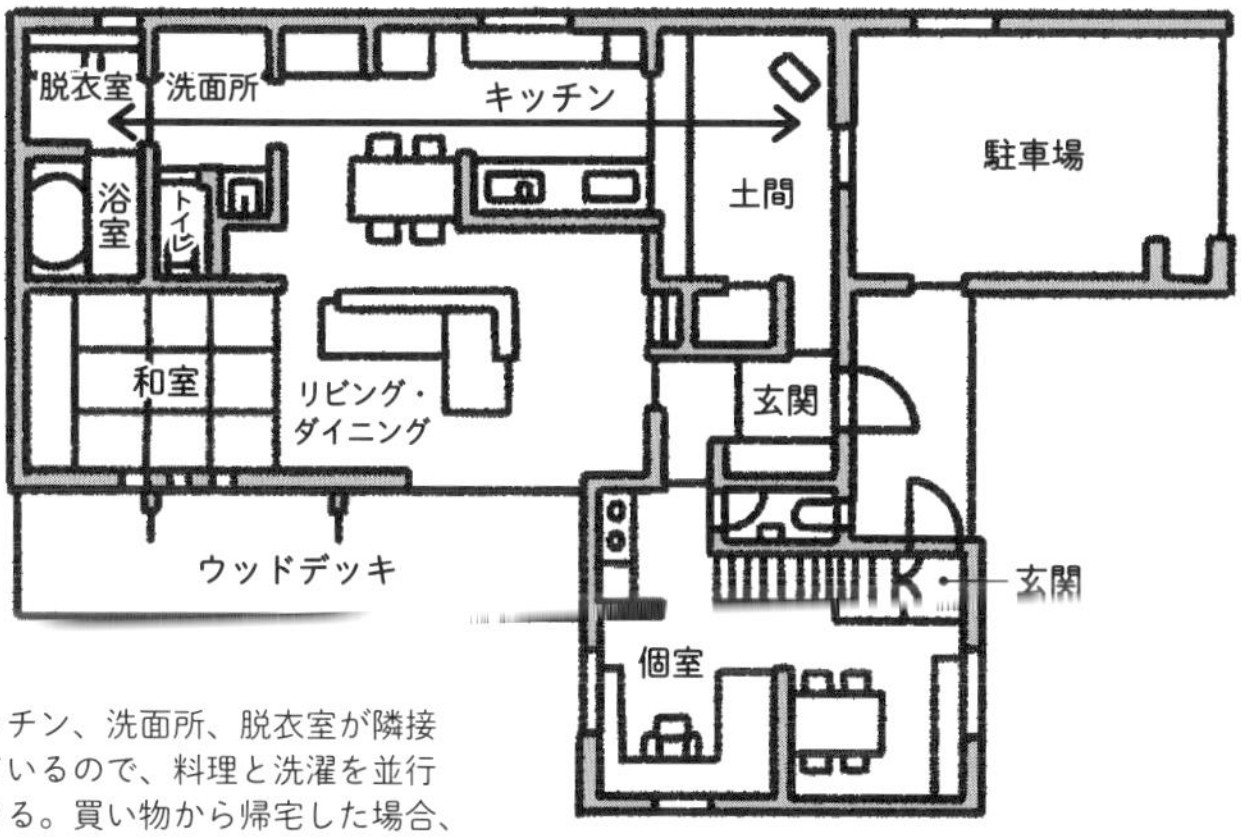

キッチン、洗面所、脱衣室が隣接しているので、料理と洗濯を並行できる。買い物から帰宅した場合、玄関から土間を経由してキッチンに運べる利便性もある間取り。

回遊性のある間取りの事例（2階建ての1階）

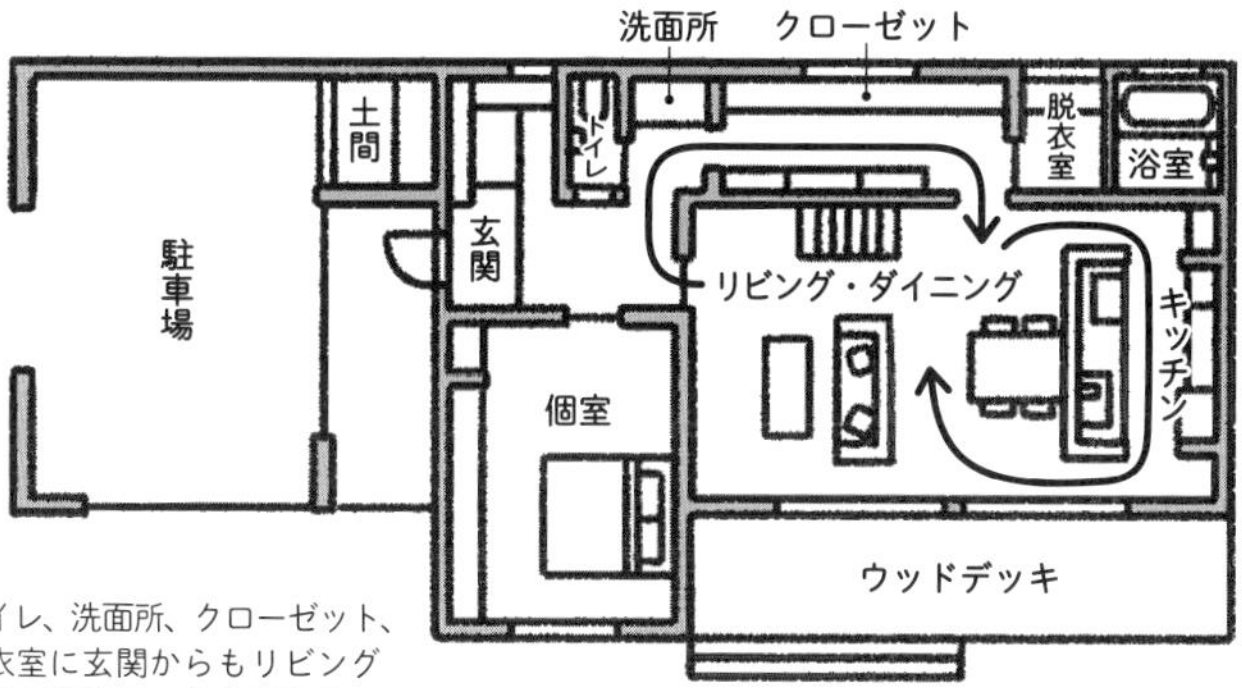

トイレ、洗面所、クローゼット、脱衣室に玄関からもリビングからも行き来できる間取り。

う観点で考えることもひとつの方法です。その具体例を次から見ていきましょう。

○役割を満たすスペースと間取りの設定

リビング学習という言葉を聞いたことがあるでしょうか。料理をする親のそば、つまりダイニングやリビングで子どもが勉強をしているスタイルです。もし、寝るときも大人と一緒の部屋であれば子ども部屋は不要です。ただ、将来的に子ども部屋が必要になりそうなら、そのスペースを確保しておかなければなりません。

このように**今、少し先、さらに先を想定した間取りが家づくり、すなわち人生づくりになる**のです。

そういった観点からすると、仕事をするスペースも考慮したい時代になりました。リモートワークが当たり前となり、その際に寝室を仕事部屋として活用するのか、仕事部屋を独立させるのか、その先の使い勝手を想定して間取りを考えなければなりません。

想定があいまいだと無駄なスペースができることがあります。例えばベランダです。**洗濯物を干すだけなら、外壁に洗濯物を干す設備をつけたり、布団専用のバーをつけたりすることで、ベランダのスペースや費用をほかで使うことができます。**ベランダは漏水をはじめとして、メンテナンスコストがかかりますから、使いこなせていない場合はスペースだけでなくお金の無駄も生まれます。

洗面所をふたつ設けている間取りも考え方次第では無駄です。ひとつが脱衣所と一緒になっていて、もうひとつが独立した洗面所の場合、誰かがお風呂に入っているときは、独立した洗面所が役立ちます。ただ、少人数の場合、独立した洗面所があまり使われないことも。**脱衣所と洗面所をスクロールカーテンで仕切れば解決**ですよね。

これはトイレも同じです。また、トイレをふたつ設置する場合、隣接させる方法もありますが、家族が過ごす場所からの動線を考えると離れたところに位置させたほうがよいこともあるでしょう。二世帯住宅の場合は1階にひとつ、2階にひとつという設置がよくあるケース。老後のことについては別途お話ししますが、**将来的に老夫婦**

での生活が想定される場合、２階のトイレが無駄になることも。注意したいのが、あとからトイレの位置を変更するのは、配管などの関係から大掛かりな工事になることです。

逆にスペースが足りていないというケースもあります。その代表例が収納場所。**部屋数や人の通るスペースを優先して収納場所を減らすと、後悔する**ことが多々あるのです。

収納場所の確保は工夫で対処できることもあります。例えば平屋で十分なスペースがない場合、屋根の三角になっている空間をロフトのようにして収納場所とする設計もできます。

また棚を設置する際は奥行きに注意していただきたいです。例えば**ウォークインクローゼットの棚の奥行きは60㎝、シューズクロークの棚は30㎝というふうに収納する物が決まっていれば、無駄のない空間使いができる**のです。

食品や食器を収納するパントリーでは奥行きを大きくすると、奥側に置いている物

収納棚の奥行きの比較

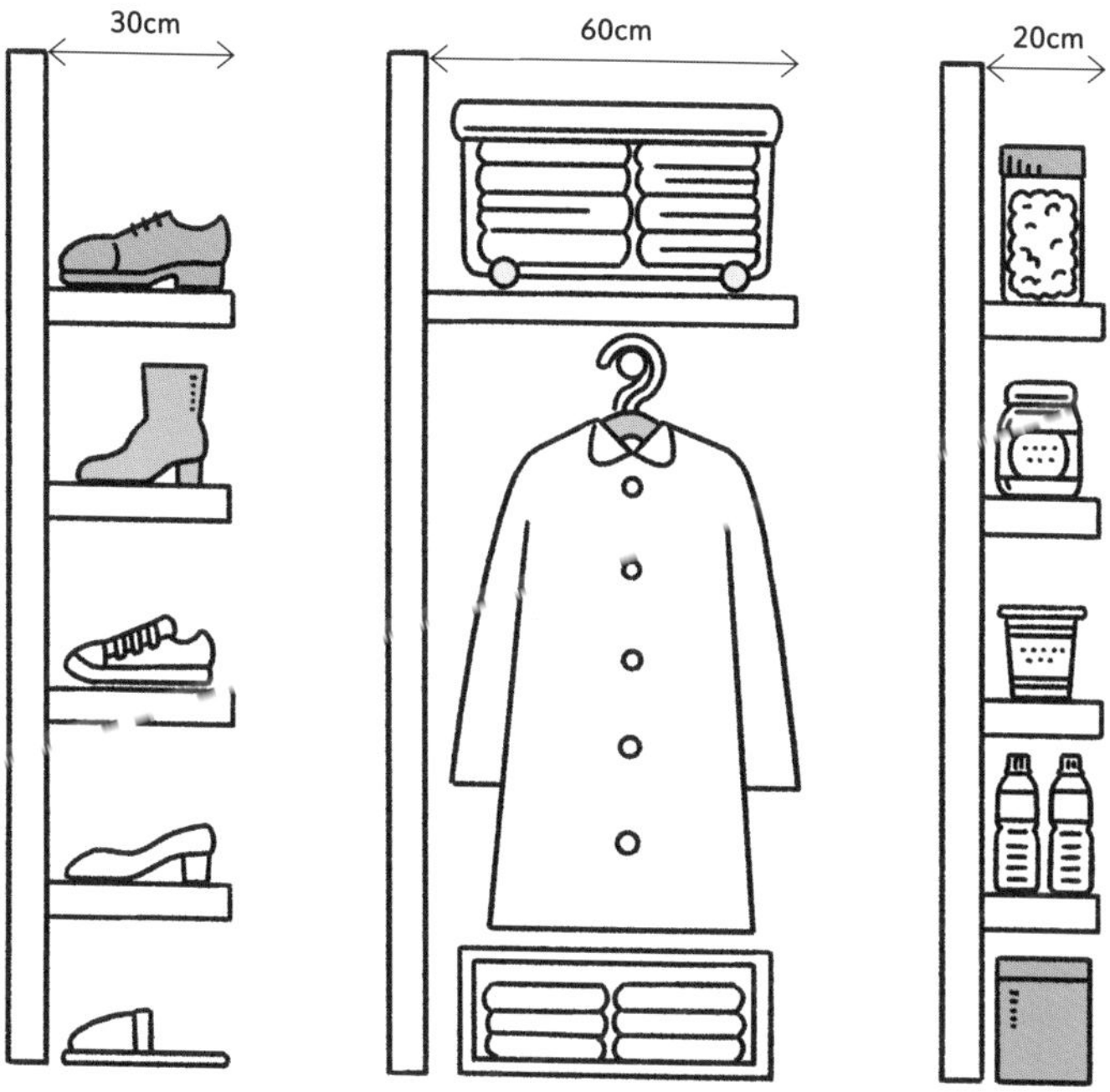

収納する物の大きさに合わせて棚の奥行きを設定することで、
無駄な空間がなくなる。また物の出し入れもしやすい。

がなにかわからずにストレスになることも。奥行きを小さくして棚数を増やしたほうが使い勝手がよいわけです。

ほかにも窓の位置や日射を考えた設計など、あらゆる要素から最適な間取りができてくるものです。生活音がほかの家族の迷惑にならないように部屋と部屋の間にクローゼットを設置する、来客が多い場合はリビングの真上に子ども部屋を位置させないなど、考え方次第で間取りは変わっていきます。

一般の人が間取り図をひくことはなかなか難しいものです。構造上の観点、費用の関係もあり、また住宅会社はさまざまな物件の事例を持っているので、メリットとデメリットを加味しながら設計できるものです。

大切なのは**どんなふうに暮らしたいか、将来の暮らしをどう考えているかを住宅会社に伝える**こと。最適な間取りを提案してくれる住宅会社を見極めたいなら、ひとつ簡単な方法があります。「**パッシブデザイン**はしていますか？」と尋ねてください。ホームページに掲載しているところもあります。

パッシブデザインとは、太陽熱や日射、風といった自然エネルギーを建物に利用する設計手法のこと（206頁参照）。WB工法（204頁参照）もそのひとつですが、間取りと快適性、省エネ性も深く関係しているからです。パッシブデザインを取り入れている住宅会社は、家が完成したあとの住み方を大切にしています。

○間取りや設計を変えられるものと変えにくいもの

老後に必要なものってなんだと思いますか？　家とお金は老後を豊かにしてくれます。貯蓄の多い人は寿命が長いといわれることもあるそうです。それは贅沢《ぜいたく》をするという意味合いではなく、ゆとりのある暮らしができるからという意味だと私は捉《とら》えています。身を削って働いたり、がまんをして節制したりしてお金を残しておくということではなく、**上手に貯蓄を増やすことを家づくりの面からも提案できます。**

本書でも度々お伝えしている**高性能住宅による光熱費を抑える暮らし方**です。また、**メンテナンスコストとリフォームの費用も抑え、あとから設置するものもライフプラ**

ンに取り入れておくことが大切です。それは間取りに関係しており、健康を考慮した設計もできます。

先にトイレの数や位置についてお話ししましたが、老後は寝室の近くにトイレがあるほうがよいといわれますよね。トイレの位置を変更するのは大掛かりな工事で費用もかかるので、最初にきっちり決めておきたいポイントです。

ただ、なにからなにまで老後を想定して準備することがベストだとも思いません。例えば**手すりです。結論からいうとあとから設置したほうがよい**と思います。すべての人が手すりを必要とするわけでもありませんし、老後の状態によって適した手すりの種類も変わってくるものです。最初につけていた手すりが不便で、適したものにつけ替えたなら、いろいろな無駄が生じていますよね。また手すりを必要としていない期間のことも考えたいものです。

老後の準備がかえって不都合になるケースは、健康面においてもいえます。**バリア**

フリーの家づくりのひとつに段差のないフラットな構造があります。運動能力が落ちた人、介護する・される人にはやさしい設計です。

ただ、健康なうちにその生活に慣れていると、足を上げる回数や筋肉を使うことが減り、運動能力を下げてしまうという考え方もできます。玄関に設置するスロープも同様です。

健康はお金に換算できないものだと思いますので、**最初から準備するか、あとから設置するか、それぞれの考えがあってよい**でしょう。

費用面からも健康面からも、暮らしの快適性からも、最初にぜひ準備しておいていただきたい設備があります。断熱、特に**お風呂場の断熱**です。

ヒートショックで大きな病気を招く事例があとを絶ちません。ヒートショックは大きな温度差によって血圧の急激な変化を起こし、心臓などに障害を起こしてしまう現象です。これを避けるために脱衣所の暖房が大切になりますが、常に温度差のない室内であれば安心です。

くどいようですが、断熱性の高い構造にし、高精度な施工で長期的に快適な室温を保てる家づくりにしてください。それにより家の耐久性も高まり、光熱費も抑えられ、**快適な暮らしとともに健康も守ることができる**わけですから。

補足になりますが、**平屋が老後に適した構造**だともいわれます。ワンフロアで生活が満たされるからです。仮に**総二階の家だとしても1階にすべての生活要素を満たす間取りにしておく**方法もあります。

老後を考えた間取りは、**あとから対処しにくいところは最初に設定し、あとから対応可能なところは準備しすぎない**と考えるとよいかもしれませんね。

車いすでの生活に合わせた間取りの事例

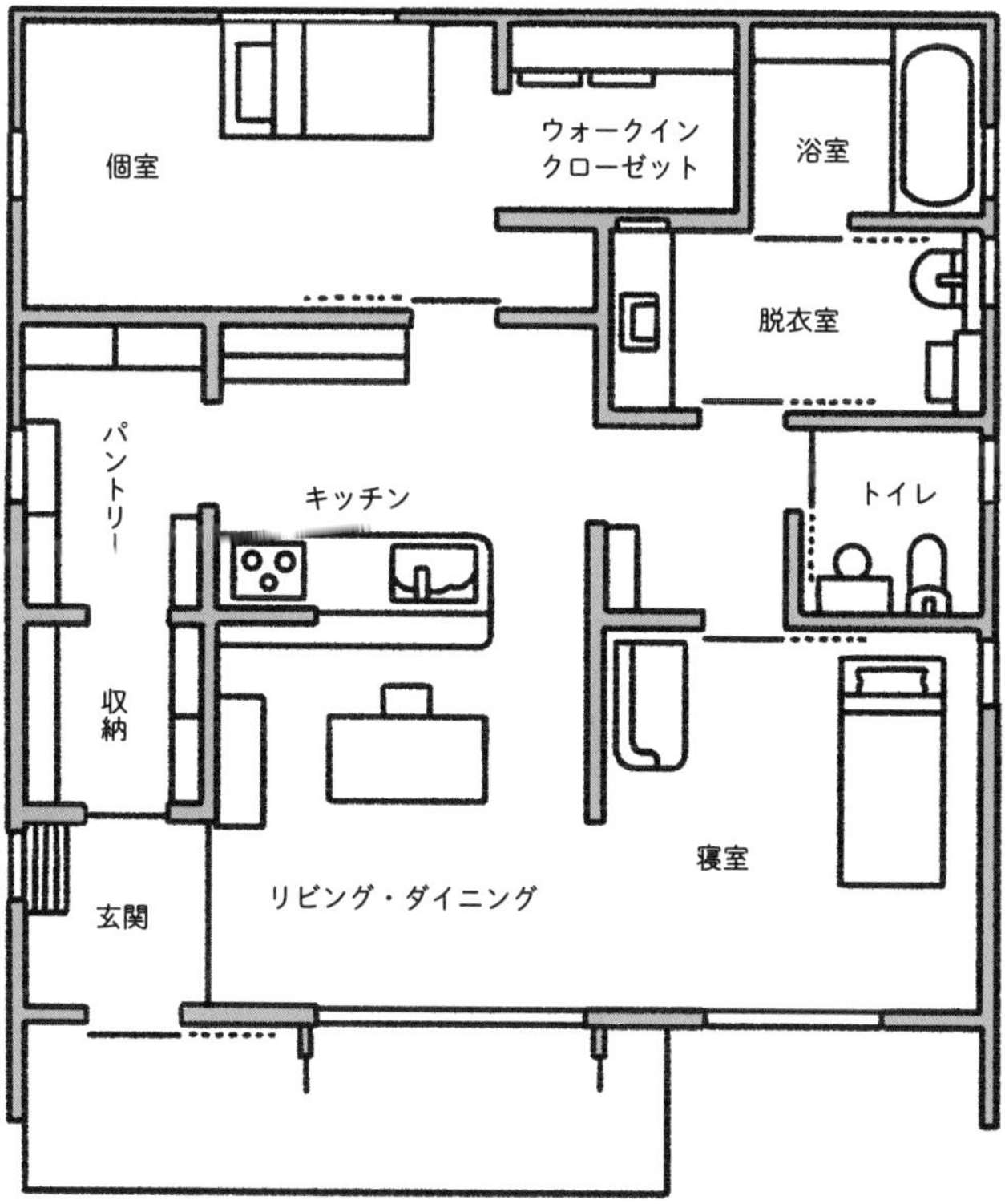

老後は家の中を車いすで移動することも想定できる。その場合、段差のない床にし、扉は引き戸にしておくとよい。回遊性のある間取りにしておくのも重要。

生活クオリティを高める敷地の活用

間取りを考える出発点は敷地。さらにいうと土地選びから始まっています。その敷地にどう家を建てるかで家の中と外での暮らしの質が変わってきます。家の中で感じる豊かさと外で感じる豊かさの両方の観点から解説します。

○空気のクオリティまで考えた家づくり

道路や接道の場所から駐車場の配置が決まり、間取りの設計が始まるとお伝えしました。また、日当たりによる部屋の場所、さらには光熱費との関係についても触れました。

そのときに少しだけお話しした「**パッシブデザイン**」について説明します。

パッシブデザインは自然エネルギーを有効活用した設計手法のことで、快適な空間を導くだけでなく、光熱費をかなり抑えることにつながります。気候風土や立地によっても変わりますが、年間3～5万円くらい抑えられるのではないでしょうか。35年ローンだとすると、その返済期間に105～175万円の差が生まれます。返済以降も住み続けるとさらに大きな費用差となります。なによりも快適性がかなり高い、夢のような設計なのです。

このパッシブデザインは、**断熱、日射遮蔽《にっしゃしゃへい》、自然風利用、昼光利用、日射熱利用暖房**の5つの要素があります。

断熱と日射遮蔽においては家の位置や向きが大きく関係してきます。住宅会社によっては**日照シミュレーション**を行っているところもあります。コンピューターで仮想の建物をつくり、日の動きと日の入り方をシミュレーションするものです。どの時期でも行えますが、最も寒い時期と暑い時期の両方で行うと、快適さをより適確に追求できます。

例えば冬の時期に長く日が入る建物の向きや窓、ひさしの設計をすることができたとします。日が熱に変わり内部発熱によって室内が暖かくなるわけです。日射熱利用暖房といいます。ただし、夏場は日射を遮らなくてはなりません。日射遮蔽がこれに当たります。この場合、**ひさしのサイズを調整し、日射量を調整する**わけです。**年間を通してベストな日の入り方に調整し、断熱工法と連動させて考える**わけです。

日は温度だけでなく、光の要素もあります。窓をどのように設置するかによって室内の明るさが調整されます。これが**昼光利用**といいます。室内が明るいと気持ちいいですよね。

このシミュレーションは、「パッシブデザインには不向きだ」という判断材料にもなります。例えばまわりに大きな建物があって日射量が少ない場合は有効活用できません。その場合はほかの断熱方法で高性能な家づくりを目指します。家を建てるときは周辺が開けた土地であっても、その後に大きな建物ができるようなケースもあるので、事前に地域開発などの情報を収集しておくとよりよいと思います。

パッシブデザインを取り入れる場合、壁構成を含めた断熱性や換気性が高性能であることが前提です。換気については先にも解説しましたが、断熱性を長期的に保持す

ることはもとより耐久性にも深く関わっています。この換気、パッシブデザインなら
また別の方法で取り入れることができます。**自然風利用**です。
風配図という、どの時期にどこからどこへ、どれくらいの風が吹くかを確認できる
図があります。自然の風で空気を入れ換えるわけです。

家づくりの際にこの空気の入れ換えは見落としがちですが、快適な暮らしには欠か
せない要素。私はこれを「空気クオリティ」と呼び、重要視しています。

空気が入れ換わると湿気対策、すなわちカビや腐朽菌、シロアリ対策にもなり、室内では二酸化炭素濃度や化学物質濃度の上昇を抑えることができます。家の耐久性を
保ちながら、室内の空気をきれいにする、これこそ高い生活クオリティです。

空気の流れに関係することで、エアコンの設置場所について理に適った事例があり
ます。平屋で屋根裏に空間がある住宅です。夏場は屋根裏のところに設置したエアコ
ン1台を稼働させます。**冷やされた空気は凝縮して重くなり、下に動くという原理を利用**するのです。吹き抜けから下に流れ、家全体を快適な温度にするわけです。冬場
は下側に設置した2台のエアコンを稼働。**暖かい空気は上昇するので、これで空間全**

省エネを実現するエアコンの設置場所

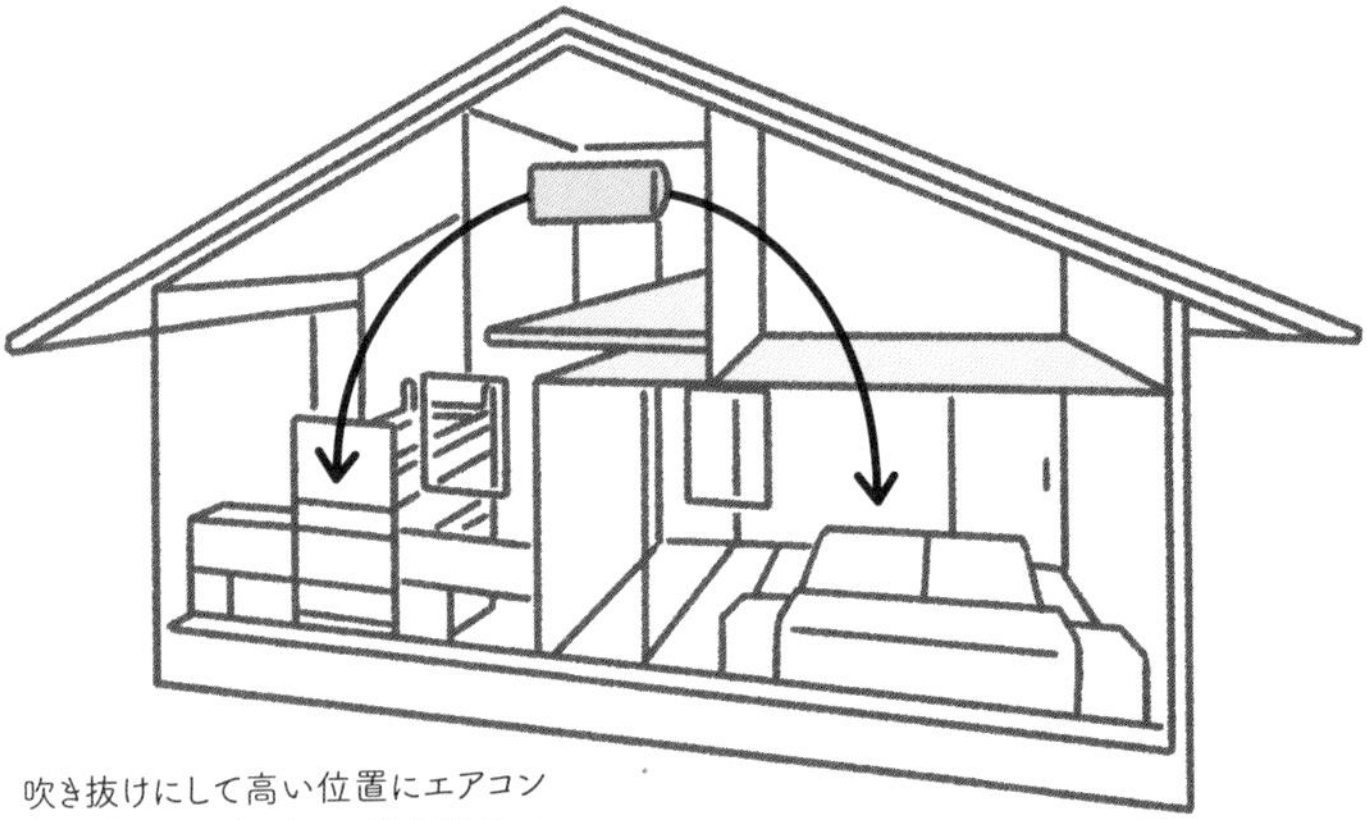

吹き抜けにして高い位置にエアコンを設置しておくことで、夏は冷たい空気が下へと流れていく。

体が暖まるわけです。

エアコンを設置する初期費用はかかりますが、限られた台数だけを稼働させるため、光熱費をぐんと抑えられるというわけです。

このように空気の流れが、生活の質に関わる大きな要素であることを覚えておいてください。

また、生活の質には屋外も関係していきます。次に敷地の空いたスペースの有効活用について解説していきます。

○戸建ての魅力は家の内外に豊かさがあること

キャンプブームが長らく続いていますよね。多くの人が自然の中で過ごす時間に魅力を感じているのでしょう。このキャンプを自宅の庭でする人もいるそうです。実は私もそのひとりです。

家づくりのベースとなる**ライフプランに趣味も入れたい**ですよね。住宅用語では**外構といって、いわゆる庭づくりへのこだわりもセットで考えることをおすすめ**します。

庭で最もイメージしやすいのが植栽でしょう。当社も信頼のおける外構業者と連携して家づくりをしますが、専門業者の利点はデザイン性の高さにもあります。

例えばフォーカルポイントといって視線が集まるポイントをつくり、どこからでも美しい植栽を演出するような技術があります。**外からだけでなく、室内からも眺められるデザイン設計**をします。これには目隠しという利点もあります。周辺の景観が気がかりだというケースはよくあります。その景観を遮るように植栽をすることもできるわけです。

これにライトアップを加え、夜には幻想的な空間をつくるなど、こだわりだしたらなんでもできてしまうくらい、さまざまなアイデアがあるものです。

デッキやカフェスペースをつくるのも楽しいですね。水に濡《ぬ》れても劣化しない、置きっぱなしできる外用の家具も市販されています。日差しが強い場所ではシェードやスクリーンをつければ日陰ができます。ちなみにこの**補完的要素は、例えば断熱を考える際に夏の日射量を遮蔽するのが困難なときなどにも活用**できます。優先順位をつけ、デメリットを補う方法もいろいろあるというわけです。

話がだいぶ前に戻りますが、土地探しをする際に不動産会社と住宅会社の両者に同時に相談する必要があるとお伝えしたのは、こうした間取りや敷地の有効活用に深く関係しているからです。

家づくりにはとてつもない知識量が必要ですが、自分がどんな家に住みたいか、どんな暮らしをしたいかという希望だけでも整理しておくと、業者とのやり取りが有意義になってくると思います。

外構のデザイン例

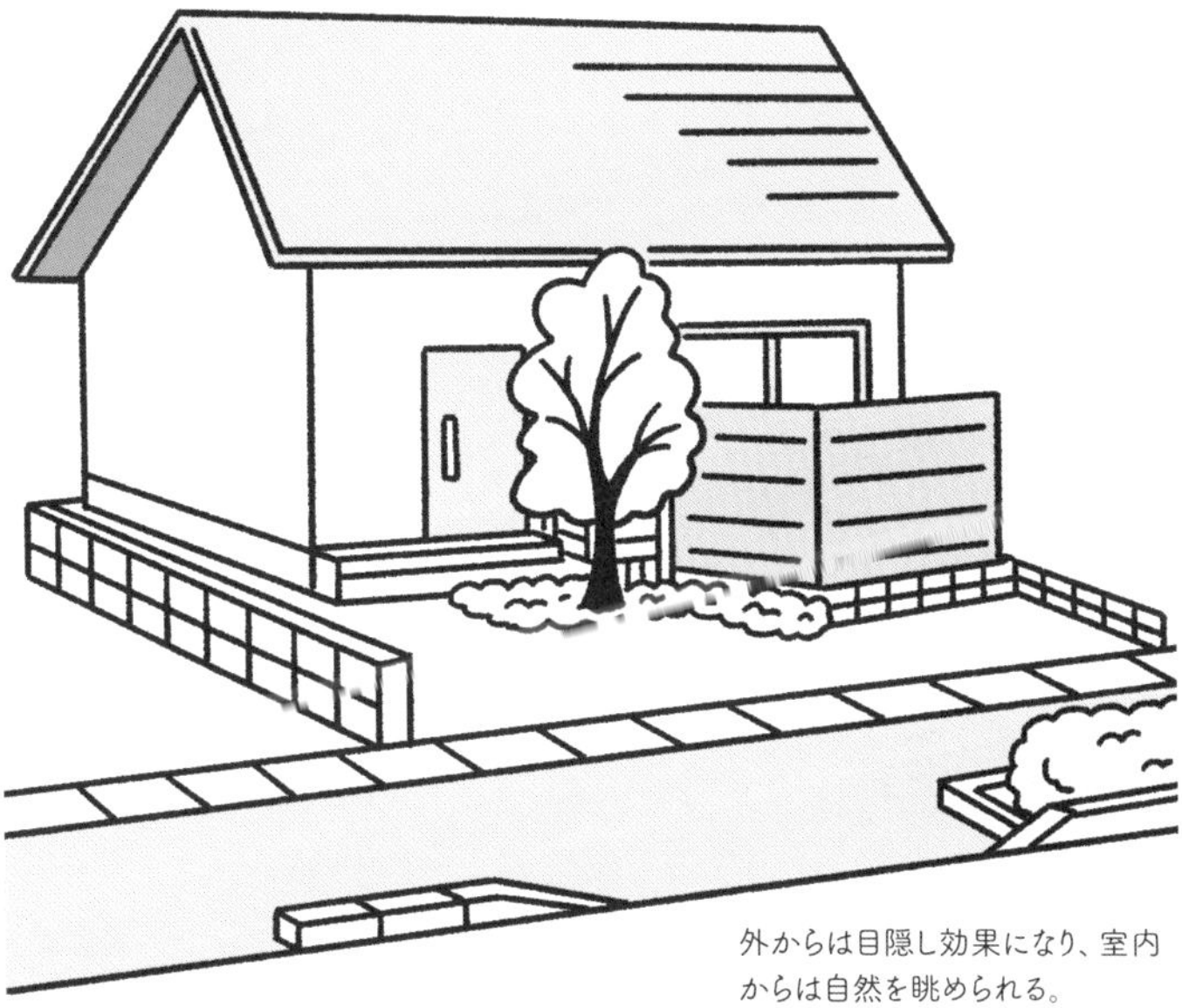

外からは目隠し効果になり、室内からは自然を眺められる。

建物と植栽が融合したデザイン事例。

建物、ウッドデッキ、外構の構成事例。

何十年先も古びない家のデザイン

住宅の価値のひとつにデザインがありますが、いいと思っていても後々になってしっくりこないようなことがあると残念ですよね。デザインは見た目だけでなく、耐久性や断熱性、省エネ性にも関係してきます。その理由を解説します。

○シンプルデザインと機能美

自動車や家電製品のデザインは全般的にシンプルだと思いませんか？　長く使い続けるものなので、**飽きのこないデザイン**という意図もあるでしょう。さらに**無駄なものを省く、言い換えると意味のあるデザイン**にするという考え方があるのではないでしょうか？　自動車では風の抵抗を計算して流線形のボディラインをデザインすることもあるようです。これは機能美ともいわれますよね。**住宅においてもこうした機能美が随所に見られます。**また主観になりますが、シンプルだからこそこだわった部分が強調されてオリジナリティが輝くとも思います。

こだわりは人によって違うでしょう。私は**いいこだわりと、避けたいこだわりがあると考えています。**後者でいうと耐久性に支障が出てくるようなデザイン。例えば独特の凹凸のあるような建材だったり、装飾がついていたりする建材の外壁がありますが、**凹凸や装飾部分に汚れがつき、それが漏水の原因になって壁自体だけでなくほかの部分にも悪影響を及ぼすと、家全体の耐久性が低下していく**ことになります。

外壁でいうと色にも気をつけたいですね。完成したてはきれいに見えても経年劣化で見た目が悪くなるものもあります。また、壁面ごとに違う色にすると、より雑多な印象になります。もし、色を複数使ったデザインにするなら、枠組みのある壁面のみにアクセントとして色をつける手法がよいと思います。統一感を保ちながらの主張になるからです。また、黒色は熱を吸収しやすいなど、断熱性との関わりもあります。

ちなみにですが、日本家屋で杉の板を焼いて加工した焼き杉というものを使用することがあります。木の素材をいかした色合いはとても馴染《なじ》みがいいと思います。耐久性や断熱性、通気性に優れており、古いものから学ぶことが多いと感じさせられる一例なので補足しました。

外壁の建材については220頁でも解説します。

先ほど黒の壁は熱を吸収しやすいとお伝えしましたが、断熱性が優れていればデメリットにならないケースもあります。むしろ**日射を想定した窓の設置のほうに目を向けたい**ところです。窓が不揃いに設置されたデザインはオリジナリティがあったとしても、長い年数で見ると飽きないかなあとも思ってしまいます。個人的な感想です。

ただ、機能美には直結しないのは確かです。**冬に日射量を増やしたいのなら南側に大きな窓、夏の日射量を抑えたいなら小さくする、軒の下に近い高い場所につける、**まったくつけないなどの選択があると思います。**断熱性が高まり、光熱費を抑えられるデザイン設計、これこそ機能美**だと思います。防犯や漏水などの観点からも考えるとよいでしょう。

○設計時に決めておきたいトータルデザイン

突然ですが、小さな子どもが描く家の絵を思い浮かべてください。外壁と屋根は必ずありますよね。これは家のデザインとして理に適っていると思います。実は**家のデザインを考える際、屋根が出発点**です。

例えば間取りを先に考えると、屋根が複雑な形になることがあります。すると屋根のデザインの選択は限られてしまいます。道路、接道、駐車場、日当たりなどから間取りを決めていくように、**屋根のデザインから間取りを決めていくのもひとつの方法**だと思います。

屋根が極端に高い位置にある、低すぎる位置にあるというのも家のバランスを損ねる要素になります。一方から見たら気にならないけれど、別の位置から見ると不格好に見えるというケースもあります。これを解消するには**模型やコンピューターの３D映像で確認する**方法があります。もちろん確認させてもらえる住宅会社が信頼できますよね。

また見た目のデザインを重視して軒のない屋根の家を見ることがあります。それは雨による漏水を計算したうえでのデザインでしょうか？　日射の遮蔽を考慮しているのでしょうか？　仮にそのデザインがとても気に入っていたとしても住みにくさを感じ、余分な光熱費を払い、損傷した外壁を修復するようなことになると、デザインに対する思い入れが変わってきそうです。

庭のデザインについては先にお伝えしたとおりで、そこで照明を取り入れる提案もしました。照明は家のデザインに重要な部分です。玄関や外壁に設置した灯火、また庭の照明から外壁に映る光など、昼間とは違った印象を演出するのが照明です。もちろん費用はかかりますが、プラスアルファの要素として検討するとよいでしょう。

そのほかにも駐車場や玄関までのアプローチ、サンシェードやデッキなど住まいをデザインする要素はたくさんあります。高性能の家づくりを追求する際、デザイン要素も取り込めると楽しみが増えるでしょう。

ここでは外装についてお話ししましたが、内装も含めると注意点はどんどん増えます。例えば内壁と内壁が切り替わる部分とか、柱の入り方とかで、空間に〝線〟が存

シンプルな屋根のデザイン例

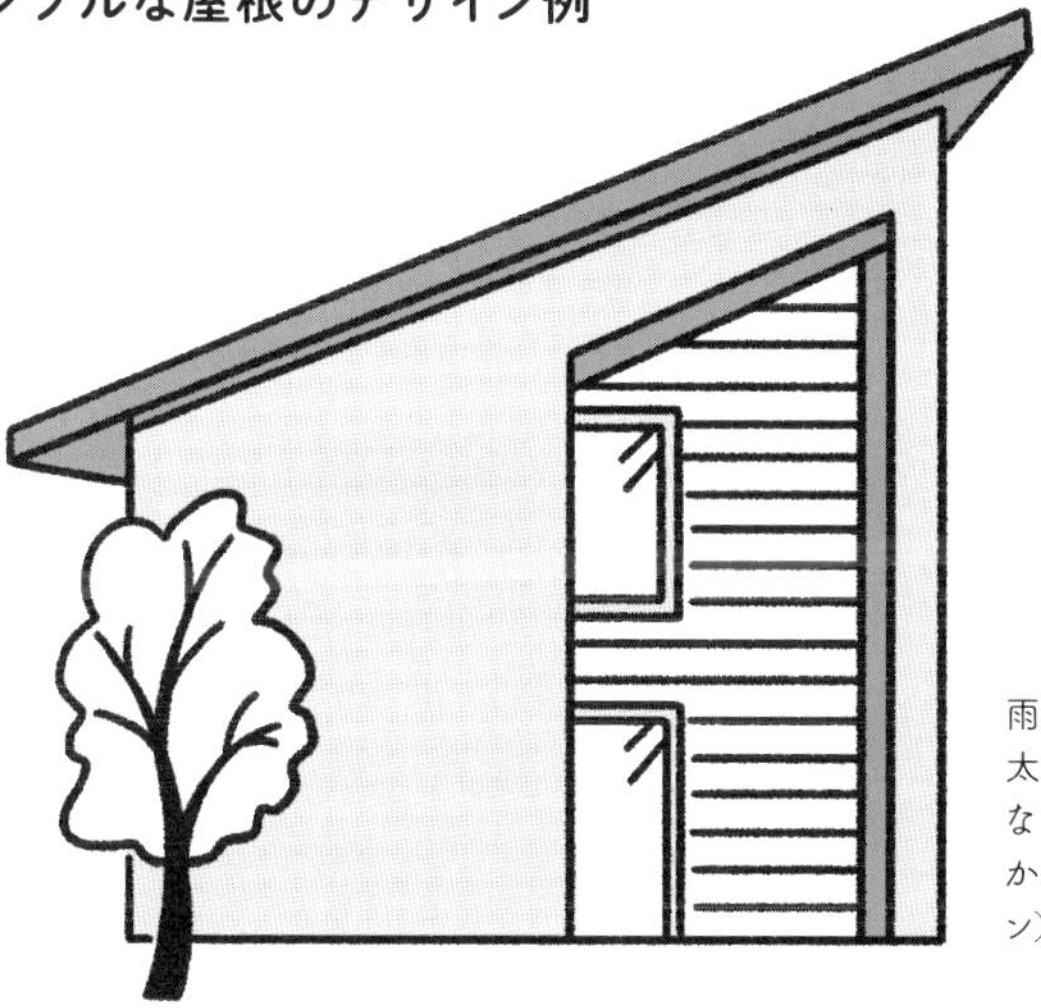

雨による漏水対策、太陽光発電の設置などの機能性のほか、見た目（デザイン）も考えたい。

在します。その線が多くなればなるほど、雑多に見えるものです。これは設計時に確定しているデザインなので、あとから変えたいと思っても困難を極めます。

こうした事態を防ぐには先にも述べた模型や3D映像での確認はもちろん、**いろいろな物件を見て回り、こだわりたい部分を増やしておく**ことが大切だと思います。住宅会社とのやり取りで要望を出せれば、トータルデザインのクオリティが高まるでしょう。

家と家族を守る防犯対策

ライフプランに基づいて完成させた家。人生は予測がつかないもので、思わぬ被害や損害を受けることも。そのひとつが盗難や強盗被害です。ここでは家をつくる際に取り入れられる防犯対策について解説します。

○費用を極力かけずに防犯設備をつける

命はお金には代えられません。また、不安の中で生活するより、安心して暮らせるほうがいいに決まっています。それでも防犯設備にかける費用が極端に高くなるようなことは避けたいという思いもあるでしょう。考え方次第ですが、ほかの設備の無駄を省くことで費用を確保し、また**適切な選択によって投資効果の高い防犯設備をつけ**

ることができます。

泥棒や強盗が入ってくる場所は、玄関、窓、勝手口。玄関は錠を2箇所つけ、ピッキングしにくい鍵《かぎ》にするのが第一。窓はないほうがよいのですが、日射による熱と光の取り入れを考えるとゼロにはできません。ただ、無駄な窓はあると思います。これを見直して窓数を減らせれば費用削減につながります。入りにくい大きさにするのも一手でしょう。

勝手口は防犯の観点からはないほうがよいです。ただこちらも生活動線のことがあるので、「つけるな」とはいえません。

では防犯対策です。**格子を設置する**。これは窓にも勝手口にも有効な手段。格子をつけにくい窓には**シャッターか防犯フィルムを設置する**選択があります。前者は自動で開閉できるものもありますが、常に開閉をしなければならないというのが難点。後者は設置するだけで防犯の効力を得られますが、初期費用が上がります。また日射の取得量が落ちるのでパッシブデザインには取り入れにくいといえます。

狙われにくい家にすることも重要です。高い塀があれば入りにくいと思う人もいますが、そこを乗り越えたら周囲から犯行が見えなくなります。**塀は低いほうがよく、プライバシーとの兼ね合いもありますが、周囲から異変がわかるようにしておくとよいでしょう。**塀を低くすれば費用削減にもなります。その分を窓の防犯に当てるという考え方もできるでしょう。

異変に気づく点としては、**防犯砂利というものが有効**です。この上を歩くとジャリジャリと大きな音が出ます。それで住人は人の侵入に気づくことができ、避難したり、通報したりする時間をつくれます。この音は犯罪者にとってリスクです。周囲に気づかれることもありますから。

同じ観点でいうと、**自動センサーの照明は有効**です。侵入者を照らすことになります。また防犯に限らず、住人が夜に家を出入りする際に自動で照明がつくのは便利ですよね。設置費用がかかったとしても生活の利便性を得られていることになります。

防犯カメラはつけたほうがよいでしょう。それがあるだけで抑止力になります。玄関のインターフォンとセットになったものもあります。
またWi-Fi対応の防犯カメラもあり、録画データをパソコンやスマホに保存できます。需要の高まりもあって手に入れやすい価格帯のものが増えているので、今住んでいる家にもつけていただきたいですね。

家の中でも対策できることがあります。**寝室のドアを内開きにしておくこと**。初期費用は同じです。これまで解説した対策をしていれば、寝室に逃げるだけの時間をつくれるでしょう。内開きのドアであればつっかえ棒や家具でバリケードをつくることもでき、そうこうしているうちに警察が駆けつけてくれるわけです。

このように通常設置しているものを防犯対策の仕様にすることもできます。ほかの無駄なものを省いて防犯設備費用を確保する手段もあります。ただトータルコストで比較するものではないと思います。

防犯設備の充実が安心安全な暮らしにつながるのであれば、高性能住宅の追求と同じように捉えることができるのではないでしょうか。

災害時にも役立つ太陽光発電

人生で予測できることもあります。毎日太陽は東から昇り、西へ沈むこと。人間と太陽は切っても切れない関係です。それは住宅においても同じで、これまで触れてきた太陽光発電についてより踏み込んだ解説をします。

○太陽光発電によるランニングコスト減

part1で太陽光発電による光熱費を減らす効果についてお伝えしました。ここではおさらいも含めて改めて太陽光発電の優位性について解説します。

前提として、断熱性、耐震性、耐久性の高い、いわゆる高性能住宅であることが、太陽光発電のメリットを最大限に引き出すことになります。太陽光発電によってエネルギーを生み出せたとしても断熱性が低ければ、消費エネルギーが増えることで投資効果を十分に得られません。また、太陽光パネルの重量を支えるには耐震性や耐久性が高くなければならず、さらに設置には精度の高い施工が求められます。

太陽光発電のシステム容量は5～6kWを設置するケースが多いとされていますが、**投資回収効率をより高めるために10kWの設置が望ましい**と考えます。太陽光パネルの重量は500kg～1tになるので、強い家でなければなりません。

設置の初期費用は会社によって変わりますが、200～300万円。100万円という大きな開きがありますが、保証内容などが関係しています。またこれには税金もかかります。20～30万円くらいと考えればよいと思います。投資回収の額を見ればこれらの金額も大きなものではありません。

システム内容を簡単に説明すると、パネルに集められた太陽の光を熱エネルギーに変換し、発電します。これをパワーコンディショナーという精密機器で、家庭で使用できる電気に変換するのです。この発電された電気のうち15～30%くらいは家庭で使用すると考えてよいでしょう。残りの70〜85％を電力会社に売って収入を得るというわけです。

電気の単価は1kWhあたり約40円、売電価格は約16円です。よって家庭で使用するほうがお得になることを念頭においてください。この後のオール電化住宅の解説で重要ポイントになります。おそらく電気の単価は上昇し続けるでしょう。

ただ太陽光発電を設置したものの十分なエネルギーを生み出せるか心配ですよね。これは地域や立地によっても変わってきますが、主要メーカーが発表している年間発電量を見ると、どのメーカーも設置1kWあたりで1000kWh以上という数値を示しています。今回の事例では10kWを設置しているので1万kWh以上ということになります。ちなみにこの数値はメーカーの信頼に関わるので低く見積もっていると考えてよいでしょう。

一般家庭の年間の電気使用は4000kWh以上（地域差がある）ですが、メーカーが数値を少なく見積もっていること、省エネ性の高い住宅であることを加味し、自宅で使用する電力量を15〜30％という設定にしています。

こうした事例があってもまだ不安な人もいるでしょう。そのために各メーカーは保証制度を設けています。**出力保証、機器保証、施工保証**です。災害保証もありますが、住宅を建てる際には火災保険に入るのでここでは説明を省きます。

出力保証は年間発電量を一定の比率で保証するもの。比率や保証年数はメーカーそれぞれです。

機器保証は製品自体が故障などした場合の保証です。実際に私も自宅に太陽光発電を設置しており壊れた経験があります。そのときは保証で修理費はいっさいかかりませんでした。

施工保証は施工時になんらかの損害が出た際の保証です。メーカーによって保証条件の違いもあるので、詳細はメーカーに問い合わせていただければと思います。

以上が太陽光発電のシステムについての説明になります。コンピューターで太陽光パネルを設置するのに適した向き、日射量などをシミュレーションすることができるので、きちんとデータをとったうえで、安心して取り入れていただきたいと思います。

太陽光発電のシステム

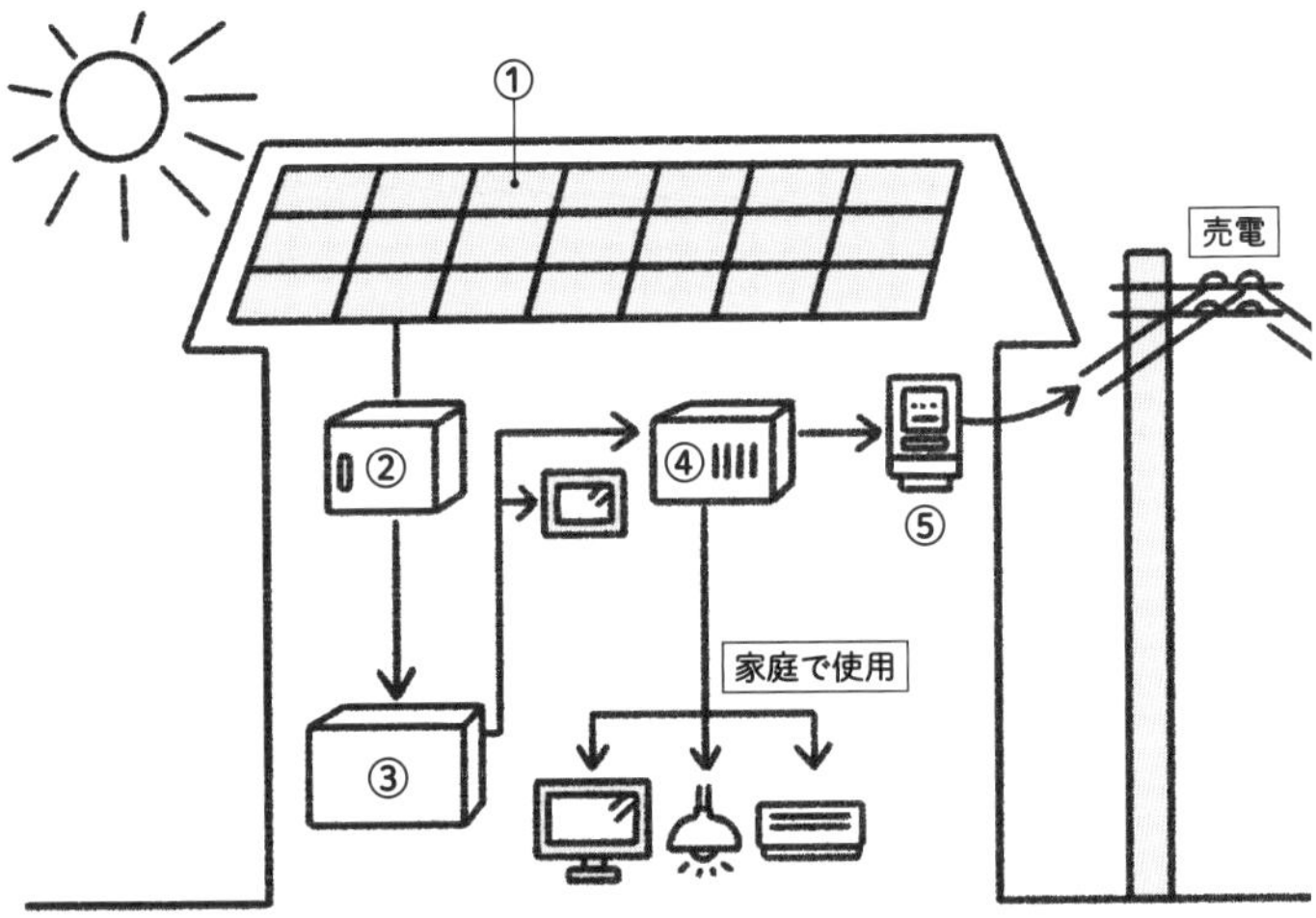

①太陽光を取り込んで直流電力をつくる。②電気配線をまとめ、直流電力をパワーコンディショナーに送る。③直流電力を交流電力に変換する。④家庭で使用する電力と売電する電力を分ける。⑤電力量を計測して電力会社に売電する。

投資回収に話を戻します。30年間の**発電量から設置費用、税金、そしてメンテナンスコストを入れて差し引くと、少なく見積もっても300万円の収益が出ます。**

当社のお客さまで、年間出力量がメーカーの示すものよりかなり多く、高い収益を得ている事例もあります。

○太陽光発電はオール電化でさらに魅力的に

電気の価格が上昇している背景を受けて、オール電化を懸念する声も聞きます。ところが先に述べた太陽光発電の電気単価が1kWh40円に対し、売電価格が16円という特性を踏まえると、家庭でたくさん使用したほうがお得というわけです。これだけの説明では腑に落ちないかもしれませんね。具体的な話をしていきます。

ガスを使用する給湯器（ここではガス給湯器と称する）と電気を使用する給湯器のエコキュート（商品名）を例にしましょう。ガス給湯器も電力がかかっています。エコキュートは空気を圧縮して熱を取り出し、効率よく温めるシステムです。ガス給湯器はガスの基本料金が上乗せになるので、光熱費の負担は増える傾向にあります。なお、エコキュートのタンクには370～460Lもお湯がたまっているので、災害対策としても魅力的です。

もうひとつ事例を出します。**食洗機**です。自動で食器を洗ってくれる設備で家事の負担を減らすことになりますが、人の手で洗うよりも**お湯の使用量が大幅に減らせる**

こと（節水とお湯をつくる電気代の減少）が魅力です。省エネというわけです。

電気給湯器、食洗機、またＩＨクッキングヒーターなどを設置する初期費用はかかります。これら単体でどれだけ得をするかは細かなシミュレーションが必要ですが、太陽光発電とセットで考えた場合、省エネ性がより高くなるのは確かです。


電気代の上昇によってオール電化を懸念する声があるとお伝えしましたが、災害にも不向きだという声もあります。こちらも否定できます。なぜなら家に被害がない場合は、**停電したとしても自分の家で発電できる**わけですから。オール電化なら仮に電気が止まっても日中の太陽光発電で電気が使えるので影響はありません。先のエコキュートもタンクにお湯がたまっています。なお、一般的に太陽光発電のみでは停電時に通常の連系運転ができません。

そういった意味でもいざというときに蓄電池があるとなお安心ですね。もっとも、蓄電池は初期費用がそれなりにかかるので、きちんと費用のシミュレーションをしたうえで検討してもらいたいと思います。

さてもうひとつ補足があります。省エネの考え方の一例にもなるものですが、多灯分散照明というものです。ダウンライトやペンダントライト、スタンドライトなどを分散して設置し、空間を明るくする考え方です。ただし、複数の電気がつくので電気代が高くなるという見解もあります。

一方でシーンに応じて点灯させ、調光もできます。また人感センサーつきのものなら人がいないときは自動で消えます。電気の消し忘れによる電気代の無駄は防げるのです。結果、電気代は下がるという見方もできるのです。もちろん多灯分散照明は省エネという観点だけでなく、快適な空間を演出するという魅力があることも忘れてはいけません。

太陽光発電を設置するかどうか、やはりライフプランがあってこそ適切な検証になります。高性能住宅というトータルで考えて判断していただけたらと思います。

合理的な家と無駄のある家の違い

施工者の立場でも「こうしたほうがよかったな」と思うことがあります。お客さまのライフスタイルとのマッチングに関することのほか、技術や設備の進化によって新しい提案が生まれることも。そこで判断ミスになりうる事例を紹介します。

○費用対効果は住み方次第で変わってくる

旅行の荷物の量は人によって違いますよね。私はキャンプが趣味ですが、便利なアイテムがたくさんあります。頻繁に使いこなしている物もあれば、使わなくなった物があるのも事実。旅行やキャンプは身のまわりの一時的なことですよね。では家に当てはめたらどうでしょうか？　**使用目的が明確になっていないと無駄になってしまう**

ポイントがたくさんあります。まずは空間についてお話しします。

子ども部屋が広すぎた

幼いころは大人と一緒の時間が多く、成長するにつれ自分の部屋での時間が増えますが、進学や就職などで家を出ることになると、その空間は帰省したときくらいしか使われません。

子ども部屋をつくらなければ収納スペースを増やせたとか、建物自体を小さくして駐車スペースを広くしたほうがよかったといった声を聞くこともあります。

玄関が広すぎた

回遊動線についてお話しします。これはどこからでも行き来できるというメリットがあるものですが、玄関に入り、シューズクロークを通ってリビングに行くという動線があるとします。お客さまは玄関からそのまま家に上がって最短距離でリビングへ。もし家族もその動線が中心になっていたとしたら、シューズクロークを通るスペースは無駄になりますよね。

アイランドキッチン

玄関の回遊動線と同じ考え方です。アイランドキッチンは流しや調理台が壁に面していないため開放感があり、動きやすいのが魅力ですが、スペースを広くとる必要があるため、キッチン収納が足りていない、ダイニングやリビングが狭いと感じている場合、どちらを優先すべきだったかと考えてしまう人もいるようです。

吹き抜けやロフト

吹き抜けは開放感があり、空気の流れをつくる利点もあります。ただしそれは断熱性が高く、エアコンを適切なところに設置した場合のメリット。単に吹き抜けがあるだけだとコスパが悪いといえます。その部分に床があれば有効なスペースになるからです。床を設置する分、初期費用が高くなると思うかもしれませんが、大きな違いはありません。なぜなら吹き抜けがある場合、外壁や天井の施工で足場を設置するため施工費用が高くなるからです。

ロフトも同様に使用していなければ無駄なスペースです。

ベランダ

漏水の原因になりやすいということで不要説をお伝えしましたが、どこまで使いこなしているかで価値が変わってくると思います。初期費用、漏水対策の費用、メンテナンス費用を考えたうえでのコスパを検証していただきたいところです。洗濯物を干すという目的を果たすだけでいいのであれば、外壁に洗濯物干しの設備をつける手段もあるからです。

利便性の悪い収納

収納面積が広く、収納数が多いと便利ですよね。ただほかでスペース調整が働いているのも事実。検証したいのはその**収納スペースを効果的に機能させられているかどうか。**

例えば収納力の高いスペースでも奥に入っている物が取り出しにくい、または空いたスペースがたくさんあると、収納力が発揮されません。どの場所にどれくらいの物を収納したいか、**収納する物の納まりのよい空間（奥行きや棚数など）を検証するべきです。**

場所別に見ていくと、まず玄関収納で扉つきの場合、中に入っている物が見えず、人によっては靴を雑多にしまってしまいます。

キッチンの吊戸棚《つりとだな》も見直しましょう。高い位置は取り出しにくいので、使う頻度の高い物は別の場所に置きたくなりますよね。家事の勝手をよくするための収納が機能していないわけです。地震のときに物が落ちてくるリスクもありますよね。

寝室のウォークインクローゼットも使い方次第では無駄に。もしそこに家族全員の衣類を収納しているのであれば、その寝室を使っていない人の生活動線は悪くなります。その場合はファミリークローゼットを設置したほうが有効でしょう。

天井裏収納を設置している人もいますが、折り畳み式の階段を出し入れするのが億劫《おっくう》ですよね。結局、屋根裏に収納した物が誰の目にも触れないという事態を招いてしまいます。

造作家具も検討の余地ありです。家づくりの段階で家具を設置する方法ですが、生活しているうちに収納する物、量は変わってくるもの。すると造作家具が使い勝手の悪い存在になってしまいます。家具はあとから買うことができるということも踏まえて考えたいものです。

また設計時に関わることとしてリビング階段があります。家族のコミュニケーションをとるうえでは有効な設計ですが、来客時などにプライバシーを守れないというデメリットもあります。また階段を設置する分、リビングの空間が狭くなります。生活スタイルと空間の有効性、初期費用などを合わせて検討したいポイントです。

○外と室内を上手につなぐのが窓の役割

再々、窓の目的についてお伝えしてきましたが、窓は外壁よりも断熱性が低いことを理解しておいてください。

夏と冬とで日射量や日当たりの状況をシミュレーションしてから、窓の位置、数、大きさを決めていきます。多くのケースで南側の窓面積が大きくなるでしょう。風の通りをよくするために北側にも窓をつけます。東側と西側は要検討というところです。

特に**西側は立地、間取りで特別な理由がない限り、なるべく設置しないことをおすす**

めします。夏場、熱を取り込んだ状態でさらに西日からの熱を受けてしまうと、エアコンのエネルギー負荷が大きくなってしまうからです。

不要になるかもしれない窓は、ほかにもあります。まず、**浴室の窓**。室内空気の湿度が低く抑えられていることが前提の話になります。**窓は断熱性を低くする要因であるとともに、掃除の手間が増えます**。不要なら初期費用を抑えられます。**天窓**も同様です。どうしても光を取り込む方法がない場合を除いて必要のない窓のひとつです。

また窓ではありませんが、**勝手口も防犯の観点、初期費用の観点からするとなくてもよい**と思います。生活動線を満たすために必要な場合は例外です。

当たり前のようにあるものでも生活スタイルによっては不要なものがたくさんあります。「なぜこれは必要なのだろう」と疑問を持つことが、よりスマートな家づくりにつながると思います。

住宅会社から提案されて「よさそうだな」と受け止めてそのまま施工することも多々

あるでしょう。知識が不十分な状態で説明されても判断できないのは当然のこと。**家の設備は初期費用に入れておいたほうがよいものもあれば、あとから考えて対処したほうがよいものもあります。**細かなところまですべてを検証していくと、情報整理ができなくなると思うので、次頁から一覧にしてお伝えします【表3】。

なお、インターネットなどで得る情報は読者のみなさんにとっては二次情報と呼ばれ、それだけで判断するのは危険です。できるだけ同じ環境、条件での事例を参考にすると適確な情報を得られます。

【表3】検討が必要な設備や資材の例

設備・資材名	検討するポイント	こんな人には有効
床暖房	断熱性の高い家づくりをしていれば、それほど必要としない。初期費用、ランニングコストがかかる。夏の室温調整には機能しない。	断熱性を担保したうえで、費用にも余裕があり、さらなる快適性を求める場合。
多機能エアコン	エアコンに限らず、さまざまな機能がついているけれど使わない機能が多い。初期費用が高くなるほか、メンテナンスの負担が大きくなる可能性もある。	節電機能がついているものは有効。
ダクト掃除ができない全館空調システム	導入費が高額。ダクト掃除を業者に依頼する負担がかかり、掃除をしていないと機能が低下。断熱性が高い家でなければ結露が発生することもある。	断熱性を担保したうえで、費用にも余裕があり、さらなる快適性を求める場合。
埋めこみ式エアコン	天井や壁に埋め込むタイプのエアコンは、対応する品番が限られており、取り替えできなくなる可能性もある。初期費用も高くなる。	断熱性が低くて広い部屋。 室内のデザイン性を重視する人。
浴室乾燥機	初期費用とランニングコストがかかる。断熱、空調計画がしっかりできている家には不要。	費用に余裕があり、浴室の温度設定の一環として考える場合。
多機能IHクッキングヒーター	初期費用が高い。機能を使いこなせない場合は無駄になる。	料理することが多く、機能を使いこなせる人。
浅型の食洗機	一度に洗える量が限られているため、使用回数が多くなるとエネルギー消費量が増える。	少人数で暮らしている場合や、日常的に食器の使用量が少ない場合。
カートリッジ式浄水器	カートリッジ交換が必要で、ランニングコストが高くなる。カートリッジ不要のセントラル浄水器と比較検討したい。	初期費用を抑えたい人。
洗濯パン ※防水性の高い素材でつくられた、排水口のついた受け皿。	洗濯機を動かしての掃除になるため手間がかかる。水の飛び散りも抑えきれない。移動式の洗濯台が便利で初期費用も抑えられる。	水漏れによるリスクに対して、少しでも安心したい人。 2階に洗濯機を置く場合。

設備・資材名	検討するポイント	こんな人には有効
間接照明	明るさに難点があり、数を増やせば初期費用と電気代がかかる。	室内のデザイン性を重視する人。間接照明による雰囲気が好みの人。
ホームシアター	初期費用がかかり、スペースをとる。小型やVRゴーグルを使用する機種など、新型が出た際に機能性が劣るものを使い続けることになる。	大型スクリーンなど、従来のホームシアターの存在自体を好む人。音にこだわりたい人。
テレビアンテナ	外観を崩す存在。テレビをあまり見ない人は初期費用が無駄になる。光回線テレビのランニングコストとも比較検討したい。	テレビ、インターネットの回線をともに安定させたい人。
電動シャッター	初期費用がかかる。開閉するのが億劫で、開けっぱなし状態だと機能の無駄に。故障した場合などのメンテナンスコストも要する。	厳重な防犯を求める人。設備を常に活用できる人。
畳	日焼け、歩行による傷などが発生し、メンテナンスや取り替えのコストを要する。	畳のある空間が好きな人。
全面木の床	全面ということに限っての見解。汚れやすく(特に水まわりの空間)、隙間に埃が溜まって掃除の負担になる。	無《む》垢《く》の風合いが好きな人。
アクセントクロス	個性的なデザインのクロスは、時間経過によって印象が変わりやすい。需要の少ないデザインのものは費用増しになることもある。	デザインでオリジナリティを出したい人。
収納スペースのビニールクロス	湿気がこもってカビが発生する原因になる。プラスターボード仕上げや杉板など透湿抵抗値が低い素材を検討したい。	掃除をしやすくしたい人。
玄関の両開きドア・引き違い戸	初期費用が高くなる。通常、片扉の開閉しかしていない場合は、もう片方は無駄に。扉は壁に比べて断熱性が低いので光熱費が増す要因にもなる。	デザイン性を重視したい人。両開きの利便性を強く感じる人。

設備・資材名	検討するポイント	こんな人には有効
風呂場の引き戸	レール部分にほこりがたまり、掃除の手間が増える。開き戸に比べて初期費用が高くなる。	開き戸だと風呂場に人がいるときに開けると接触する可能性があり、それを避けたい場合。
窯業系サイディング（外壁）	塗装がはがれたり、シール材が切れたりすると漏水の原因になり、使用するケースが減っている外壁材。塗り替えなどメンテナンスコストを要する。	外壁塗装の主流だったため、デザインや色などの選択肢が多く、外装デザインにこだわりたい人の要望が安価で叶いやすい。
ウッドデッキ	使用しない場合は初期費用の無駄。ひさしがない屋根の場合は直射日光で熱を取り込んでしまい熱くて使えない。雨にさらされ劣化も早まる。	ウッドデッキの活用内容が明確な人。ひさしのある屋根にして、耐久性の高い素材を選びたい。
芝生	手入れが大変で、初期費用がかかる。	手入れを苦にしない人。地面の表面温度を下げる効果もあるので、省エネにも寄与する。
コンクリート	初期費用が高く、蓄熱の性質があるため光熱費を増やす要因になる。	敷地の一部、必要な部分のみに使う場合。
アプローチ ※門から玄関への通路エリア	初期費用が限られているうえで、優先順位を下げてもいいところ。「あって当然」という先入観を取り払いたい。	デザイン性を重視したい人。
中途はんぱな駐車場・カーポート	自動車を出し入れしにくい大きさ、位置であれば、ほかの部分を見直して適切な駐車場にしたい。カーポートは初期費用がかかり、強風で飛んでしまう可能性もある。	道路、接道、敷地などで融通が利かない場合。
雨水タンク	屋根の下に取りつけたトイを介して雨水をためるタンク。初期費用がかかり、植栽やガーデニングをしない人には無駄となる。	植栽やガーデニングを楽しむ人。災害時にも役立つ。
外構の照明	照明自体の初期費用に加え、外に配線を引く費用もかかる。デザイン性にこだわりがない場合は、費用の無駄となる。	デザイン性を重視したい人も、つける位置をしっかり考えて、コスパをよくしたい。
植栽	植物の手入れが大変。初期費用がかかる。	植栽が好きな人は、ぜひこだわっていただきたい。
フェンス・生垣	初期費用がかかり、防犯上のデメリットもある。植栽などほかの選択も考えたほうがよい。	外構のデザインとして必須の要素になる場合。トータルデザインで検討したい。

Part 4

人生の質を一段上げる

～快適な家を維持するための方法

投資費用を上回る使い勝手のいい家

住まいに求める一番は、快適な暮らしの実現。費用ばかりを注視するとその本質を見失ってしまいます。一方で初期費用をかけた分の快適性、ランニングコストを抑えられた実感は幸福度をより高めてくれます。実際に2軒のお宅を紹介します。

○WB工法×パッシブデザインの一年中快適な平屋

1軒目は、高性能の断熱性を追求した平屋です。WB工法により、家全体が一年中、快適な室温になっています。冬は玄関に入った瞬間に暖かさを感じ、部屋に入ると床暖房をしているかのような暖かさです。しかも、**エアコンを稼働させるのは1台のみ。**30坪の空間の温度コントロールができている要因は、**断熱性と換気性の高さによる空**

気の流れです。

ロフトに設置したエアコンは、夏場は冷たい空気なので自然に下へ流れていきます。さらに吸気口により空気を引っ張るようにして広げているわけです。冬場は下側に設置したエアコンを稼働させます。暖かい空気は上昇して拡散する性質があるので、空間全体が暖まりやすくなります。

冬の外気が5度の場合でもWB工法によって基礎部分も断熱されているので、床下は14~15度。さらに床断熱をしっかり施すことで、足もとがより暖かく感じられます。夏場の床下は25度。床下の涼しい空気を壁や小屋裏に通すことで熱気と汚染された空気を自然に排出します。つまり一年中快適で省エネ性がとても高いのです。

エアコンは夏と冬で使い分けていますが、どちらかが故障した場合ももう1台あるので安心ですね。

安心という面では耐震性が重要になります。こちらの家は平屋なので、構造上は総二階に比べて地震による損壊や倒壊のリスクは低いです。それでも最も高い耐震等級3を求めました。

例えばコーチパネル（商品名）という高耐震の建材を梁《はり》と柱の間に入れ込んで強度を

高めています。**耐震性は追求しすぎるぐらいでよい**と思いますが、初期費用との兼ね合いでどこかで線引きしなければなりません。

快適な室温、省エネ、耐震性、耐久性を追求できたら、太陽光発電の利点がより発揮されます。ランニングコストを抑え、さらにオール電化によって省エネ性も高められています。

補足ですが、この家では「ＩｏＴ《アイオーティー》」というネットワークを導入しています。リモコンひとつで照明やテレビ、エアコン、玄関の鍵《かぎ》などを操作できるものです。高性能でスマートな家であれば、こういったネットワークも取り入れやすいのではないでしょうか。

太陽光発電をさまざまなものに活用するのは、快適性、費用対効果、環境への配慮といった多数のメリットがあります。自然エネルギーの有効活用こそ利便性につながると思います。

例えば、**お風呂《ふろ》のお湯の湿気も換気の計画性を高めた構造であれば、冬場は加湿と**

して使用できます。湿度調整力が高いので湿気対策も万全です。

また、玄関、キッチン、収納、トイレ（洗面）、脱衣所（洗濯場）という動線をつくり、玄関からは直接トイレ（洗面）という動線もあり、移動の利便性が高められています。回遊性のある間取り、これを有効活用できれば家族全員が快適になるのです。

日射を取り込める窓。ウッドデッキにも出やすい。

夏は上（ロフト）のエアコン、冬は下（ダイニングテーブルの奥）のエアコンを稼働。

耐久性、耐震性が高いので太陽光パネルを多く設置できる。

○規格住宅なのにこだわりＯＫ！　アレンジが自在な総二階

住宅会社によりますが、規格住宅でもお客さまの要望を取り入れられることがあります。フルオーダーよりも初期費用を抑えられる分、部分的なこだわりを実現しやすいという特性もあるでしょう。この特性をいかしたお宅を紹介します。

規格住宅はデザイン的に見劣りするという先入観は取り払ってください。例えば外観ですが、木材をメインにし、ガルバリウム鋼板（アルミニウム・亜鉛合金めっき鋼板）を融合させて、シンプルながらもアクセントのあるビジュアルです。天井は自然塗料を施した杉の板張り。リビングで寝転がると解放感とくつろぎを得られ、また窓から植栽を眺められる癒《い》やしの空間です。植栽などの外構に費用をかけられるのも、初期費用を抑えられる規格住宅だからこそのマネープランかもしれません。

さて、規格住宅のデザイン性の先入観を取り払ったところで、細かな設計を見ていきましょう。リビングに畳の小上がりがあります。もともと規格にはなかったものでお客さまの要望でつくりました。これはソファ代わりになり、デスクを併設しているのでリモートワークの場所としても活用できます。収納スペースも設けています。

この**規格変更によって初期費用はプラスになりましたが、①使い勝手がよくなる、②収納が増える、③ソファの費用がカットできる、という利点が生まれました。**

また1階の個室は自由に仕切れる構造になっています。仕切りを開けておけば広々とした空間となり、来客時に仕切る、将来は仕切ったひとスペースを子ども部屋にするなど、その時々によってアレンジできる設計です。

規格住宅の場合は、間取りが決まっているので、暮らしながら各部屋の目的を割り当てていくことになるかと思いますが、**途中で割り当てを変更できる間取りであれば、常に空間を有効活用できる**でしょう。


こちらの家もWB工法で断熱性の高いつくりです。初期費用は通常の価格帯よりもプラスで約500万円かかっています。ただ、省エネ性の高い家なので光熱費削減効果があり、太陽光発電の売電収入もあるのでその分は10年ほどで回収できる計算になります。

この考えをご理解された買主の方は、予算に余裕が生まれ、**食洗機を海外製の大容量**

タイプにされています。日本製の耐用年数の倍あるということで、結果的に製品のトータルコストは変わりなく、省エネと使い勝手によってメリットが多いというわけです。

家づくりの最重要ポイントは、使い勝手のよさだと思います。それにより快適な暮らしが実現できます。初期費用だけに重点を置くと、使い勝手を見失うこともあります。住み始めてからの暮らしをいかにイメージし、ライフプランと照らし合わせられるか。それによって初期費用の捉《とら》え方が変わってくるでしょう。

ダイニングと個室は仕切れる。

木材とガルバリウム鋼板が
融合した外観。

リビングに畳の小上がりを設置。収納スペースも設けている。

杉の板張りの天井、窓外の
景色を眺められるリビング。

年中、快適室温で省エネ効果も高める

通気断熱WB工法

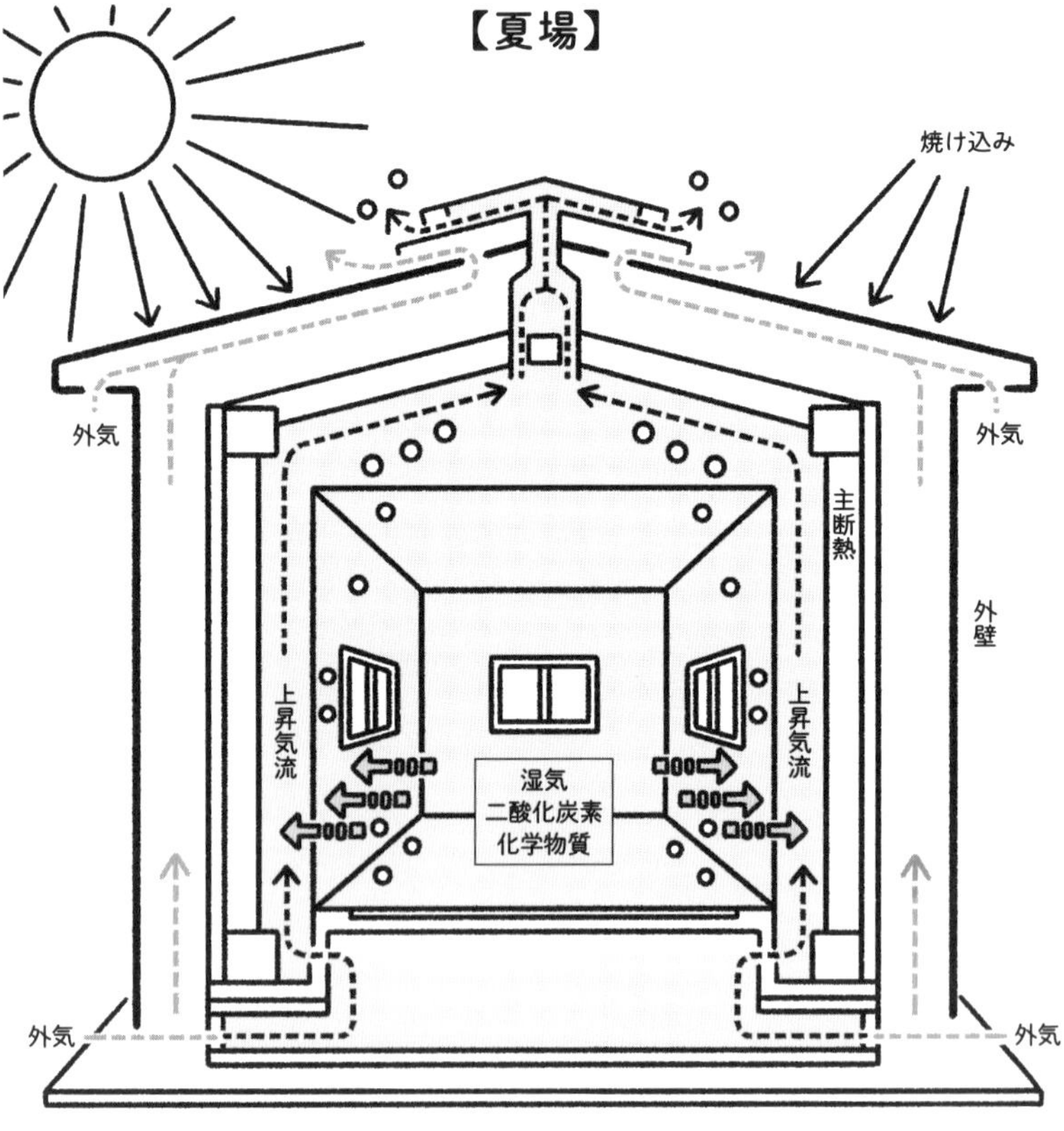

屋根の温度が20 ～ 25度になると形状記憶式自動開閉装置によって通気口が全開し、屋根裏の暑い空気を外へ押し出す。さらに床下の涼しい空気が通気層から引き上げられ、室内の温度上昇を抑える。湿気や化学物質を含む汚れた空気も外へ排出される。

W(ダブル)、B(ブレス)の意味。壁に二重の通気層を設置し、夏と冬で異なる役割を果たして一年中、快適な室温を保つ。形状記憶式自動開閉装置によって自動的に通風をコントロールでき、室内の空気が循環し、まさに呼吸する家といえる。

【冬場】

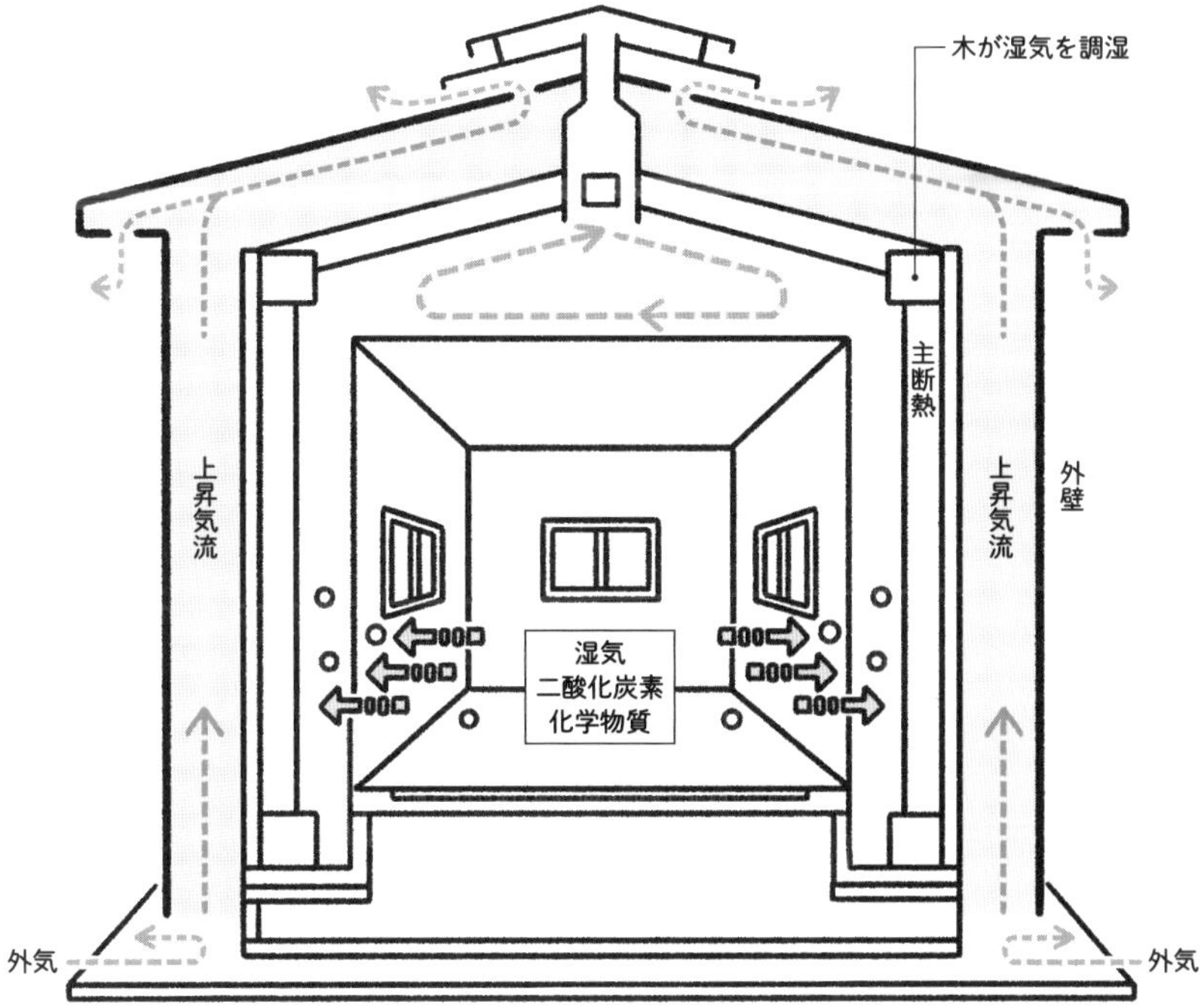

気温が15度以下になると通気口が全閉し、外の冷たい空気の侵入を防ぐ。また床下の地熱を活用し、通気層が保温層になっているため室内温度が守られる。室内の余分な湿気は壁を浸透して壁内の通気層から外へ排出され、壁内の結露も発生しない。

図の出所：株式会社ウッドビルド

自然エネルギーを利用してエコな暮らし

パッシブデザイン

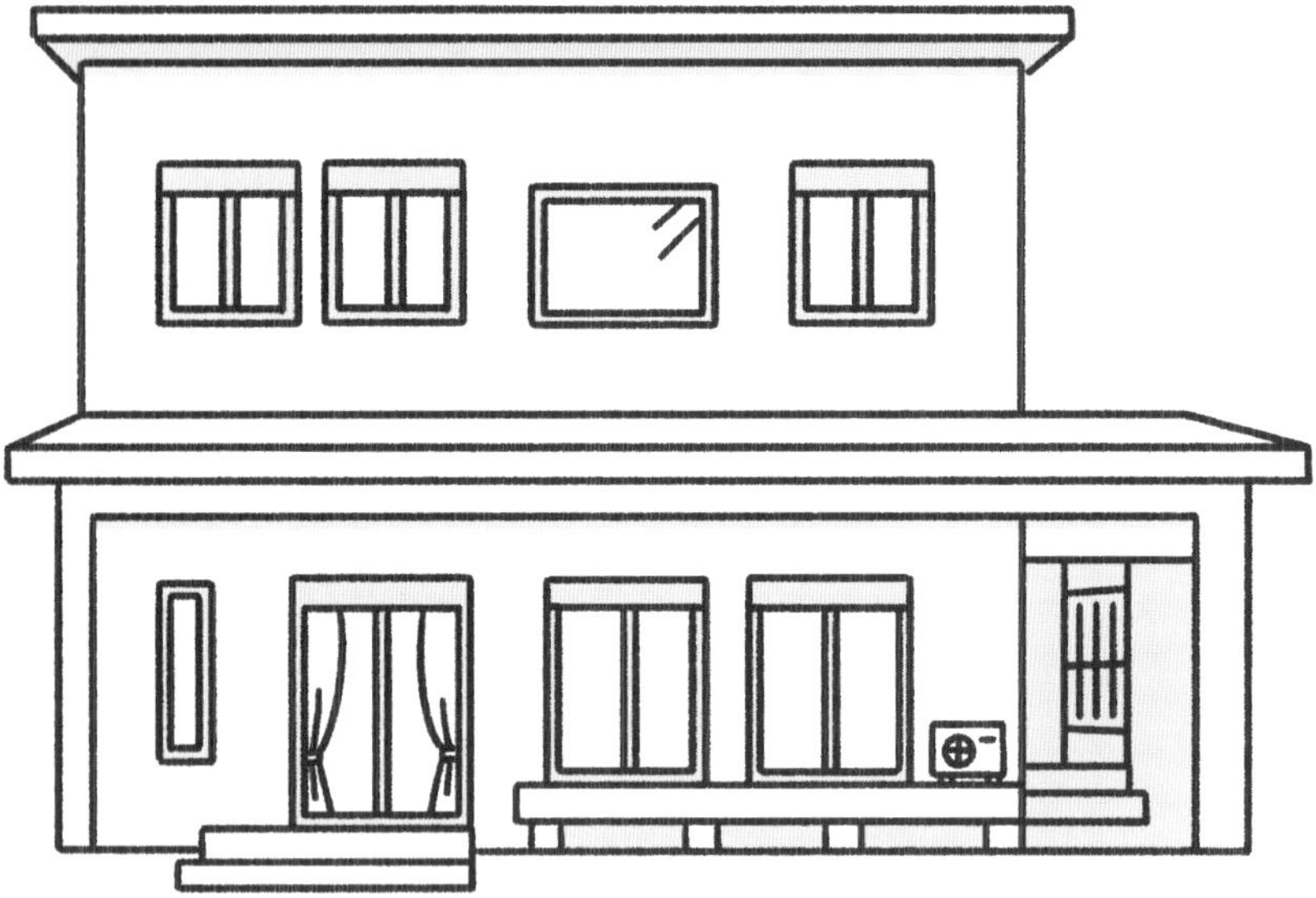

光　熱　空気 を利用!

太陽光など自然のエネルギーを利用する設計手法。日射取得をシミュレーションして窓の設置場所や大きさを計算し、外壁の断熱とは別の観点からも快適な室温を導く。太陽光発電の設置によりオール電化住宅にすることで、投資回収効果も高まる。

○光の取り込み

一年を通しての日射取得をシミュレーションし、断熱性を考慮したうえで日当たりが確保できるように窓を設置する。

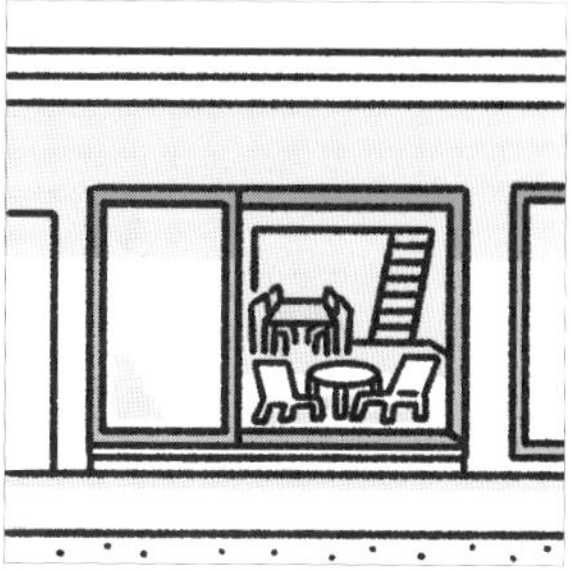

○断熱性を高める

冬は熱を取り込み、夏は高熱を避けられる設計。室内は冷暖房を最小限にして、空気の流れで室内全体の温度をコントロールする。

○空気の流れ

室温コントロールのほか、臭いや有害物質が室内にとどまらない。また新鮮な空気が自然に入ってくる構造となっている。

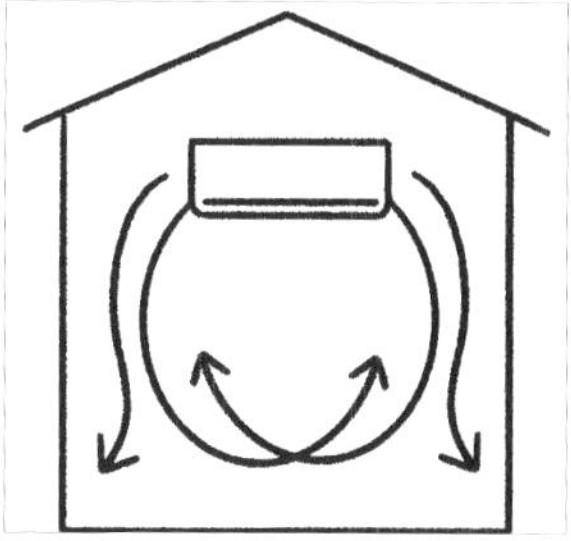

老後を考えたプラスアルファの設備

part3で老後の生活動線を考えた設備について解説しました。初期設定しておくべきもの、あとからつけられるものがありますが、〝万が一〟を想定するとさらにグレードアップできます。より明るい老後生活を描きたい人は要チェックです。

○そのまま住み続けられる保証を初期に設定

段差のないフラットな構造より、足の上げ下げができる構造のほうが、体の健康を維持するためには適しているという考え方もあるとお伝えしました。また、手すりや玄関のスロープは、あとからつけることが可能であることもお話ししました。ヒートショックのように温度差が健康を阻害することもあり、高断熱の意義は快適性以外にもあることもご理解いただけていると思います。

やはり高性能住宅であることは、老後の暮らしを豊かにするキーポイントのひとつです。どれだけ耐震性、断熱性、耐久性、省エネ性を追求するかだと思います。なぜなら高齢になってからリフォームや修理をするのは精神的に負担がかかりますし、それらに要する費用も重くのしかかります。**初期設定で高性能を実現しておくことが、未来への大きな投資になる**のです。

ただ、投資したものが老後にも確実にいかされるとは限りません。だからこそ確実性を高める選択をしたいものです。

例えば、太陽光発電。メーカーを選ぶ際、太陽光パネルの保証期間にも着目していただきたいのです。これまでは25年という保証期間が最も長いものでした。もちろん耐用年数ではないので、この先も使い続けられます。ただ長いほうが安心ですよね。実は**40年保証も出てきています**。これは70年、80年という長期間使用できることも意味します。なぜならメーカーはそういった試験をクリアして40年保証を実現させているのですから。30歳で家をつくった場合、70歳までは保証つきで、おそらくその後も使い続けられるわけですから安心です。

同じくエネルギー関係として、オール電化にした場合はエコキュート（商品名）を設置することをおすすめしました。これは深夜電力でお湯を沸かすシステムですが、**日中に発電した余剰電力を使用することができる**おひさまエコキュート（商品名）も出ています。太陽光発電とオール電化を組み合わせる利点がさらに増した商品だといえます。**自家発電は売るよりも自家消費したほうが断然お得**なわけですから。

また電気自動車用のコンセントを設置しておくのもおすすめです。費用は1〜2万円くらいで、あとからつけることも可能ですが、配線が露出したりコストがプラスされたりします。

電気自動車がどこまで普及し、ご自身が所有されるかどうかは現時点ではわからない人も多いでしょう。オール電化は災害時にライフラインが途切れた場合にも安心の設備であると説明しました。これは電気自動車にもいえることです。災害時にガソリンスタンドで長蛇の列ができた事例があります。社会情勢によってガソリン価格がさらに急騰するのも想定できるでしょう。自家発電できることは、あらゆる局面での強みになるのです。

電化製品についていうと、食洗機は浅型のものではなく、大容量タイプが省エネになるとお伝えしました。今のところ海外製のものが適しています。20年を想定してつくられているようなので、初期設定から買い替えは生じますが、老後の生活ではおおいに役立つはずです。なにより**家事の負担を減らせることは大きな利点です**。洗濯機も全自動のものならスイッチひとつですべてを完了させられます。

○家づくり、暮らしを成り立たせる温故知新

家をつくる側からするとゴールはありません。それは経験から学べるものが多々あることに加え、著しく技術が発展しているからです。AI（人工知能）を使ったもののもどんどん出てくると思います。

新しい技術というわけではありませんが、**リモコンキーは便利**です。新築時にオプションでつけられ、5～10万円が相場だと思います。これはリモコンキーで玄関の鍵を開け閉めできるもので、ボタンを押すとドアが開きます。荷物を持った状態でも簡単に家の中に入れます。また、自動施錠タイプは鍵の締め忘れを防ぎ、防犯設備としても機能します。

198頁でもお伝えしましたが、リモコンひとつであらゆる電化製品、玄関の鍵に対応したシステムもあります。

また、**人感センサーの照明は自動センサーが働く**のでリモコンキーと同じような利便性があるといえます。外構の照明も同様でしょう。

新しいものは実際の経験によって生まれてくるものです。ただ、古きものに学ぶことも多く、もっといえば現代でも活用したいものもあります。

例えば**外壁に使用する焼き杉**です。断熱性や通気性に優れているのですが、一番の利点は長期耐久性が高くなることです。自然のものを使用しているわけですから、サステナブル（持続可能）という環境に配慮したものでもあります。デメリットは触ると手が汚れる（炭がつく）ことくらいでしょうか。まあ外壁を触ることがどこまであるかですが……。

私個人の感想になりますが、焼き杉の外壁は自然の風合いを感じられてとても魅力的です。風雨にさらされての経年変化もまた違った印象となり、それも魅力です。

古きものから学び、新しい道を開拓していく、それは人生にも家づくりにも共通したことだと思います。

ライフプランと家に夢を取り入れる

やはり家にはどこかにこだわりを入れたいもの。コストパフォーマンスがよい家は長期的に快適に暮らせ、なおかつ費用面が最終的に割安になるというものです。でもなにか足りていませんよね。コスパではかれない夢のあるお宅を紹介します。

○快適性は人それぞれ違うもの

高性能を担保したうえで、なおかつライフプラン、マネープランに余裕があることを前提にした話になります。これから紹介するお宅は、初期費用で抑えられるところは抑え、夢にかける費用をつくりだされています。

例えば、ベランダや玄関のスロープを設置しない、窓の数を最小限にするなど。またWB工法によって初期費用が高くなっても、エアコンを各部屋に設置しなくてすむので、その時点でエアコンの購入費用を削減できています。こうした緻密《ちみつ》な費用設計をしたうえで、夢を実現させていく考え方はすてきだと思います。

もちろんその夢はスタンダードなものとは限りません。ポイントはメリットとデメリットを比較して、こだわりのメリットが上回っていること。後悔しない秘訣《ひけつ》ともいえますね。

スライディング式の窓で開放感を実現

リビングからウッドデッキに出られる間取りです。当初は折れ戸タイプの窓（ガラス戸を両側にたたんで開かれる）でしたが、開けた状態でもパノラマのような抜けはできません。しかも掃除が面倒というデメリットも。これを1枚障子のスライディング式（横方向にスライド）の窓にすると、フレームがないため開けた空間が広がります。デメリットは断熱性が落ちること。それでも景観のメリットが勝ったのです。

こちらのお宅は薪《まき》ストーブを設置して部屋全体が暖まりやすいという特徴があることも補足しておきます。

人が集まることを想定した外構

先の開放感ある窓からウッドデッキに出て、その先に水場を設置しています。シンクの費用は約3万円。家全体の費用からすれば少額かもしれませんが、プラス費用であることは変わりません。この水場は子どもの友だちが遊びにきたときに使うことを想定し、設置しました。外構のほかの部分の費用を抑えていたという努力もあります。

ベランダのジャグジー

漏水のリスクがあり、メンテナンスコストがかかることから、設置しないほうがよいとご案内したベランダ。こちらのお宅はその耐久性を担保したうえで目的を果たすために設置しています。

施主の子どものころからの夢が露天風呂のある家だったからです。ジャグジーの設置費用、さらにプライバシーを守るための塀の設置費用も要しています。ただ、ここではお風呂を楽しむだけでなく、家族や友人とバーベキューを楽しむなど、多目的な用途があり、トータルメリットで初期費用が高くなることに勝りました。

薪ストーブの設置

先にも少し触れましたが、これは奥さんの希望で設置したそうです。設置費用がかかり、メンテナンスも必要です。ただ冬は暖かい空間で過ごせますよね。天井にシーリングファンをつけて空気の流れをよくし、空間全体に暖かい空気が行きわたるようにもしています。

こちらのお宅は太陽光発電も設置していますが、それでも災害時の故障などで万が一ライフラインが途絶えたときでも薪ストーブで暖をとれますよね。なにより奥さんが冬は家を出たくないと思うほど、快適さを感じているとのことです。

愛犬の臭いも残らないWB工法

こだわりといいながらコスパのよさの真骨頂であるWB工法のお話になります。断熱性だけでなく、換気性も高いので空気の排出がよく、ペットの臭いも残りません。

またこちらのお宅は家事動線の関係で勝手口がふたつあり、風の抜け道もできた構造になっています。勝手口も必要なければ初期費用のカット候補として紹介しましたが、こうした家事動線や通気などのメリットと照らし合わせて必要だと判断した場合は有効だと思います。

自分、奥さん、子ども、ペット、友人、この家で過ごす人の生活を想定してこそ、**ひとつのこだわりが多目的**になり、家の構造一つひとつに関連性を持たせながら設計できるものです。

ちなみに私は日本家屋が好きなので、我が家には畳の部屋があります。初期費用、メンテナンスコストがかかることから、必要なければカットしたい候補として紹介したものですよね。でも、私にとってはとても重要なのです。

ライフプランを作成する際、自分と家族の夢を取り入れることを忘れないようにしましょう。

外観から施主のこだわりを感じられる。

ベランダに設置したジャグジー。
夜はライトアップする。

薪ストーブで家全体を暖める。

メンテナンスは費用だけでなく手間もかかる

買った状態から経年変化があったとしても、手をつけずに住み続けられるのが理想ですよね。メンテナンスは費用も重くのしかかりますが、その手間こそ避けたいもの。ここではメンテナンスの回数を減らせるポイントを紹介していきます。

○外壁の「窯業系サイディング」VS「金属系サイディング」

今建っている家の多くの外壁は「サイディング」という建材が使われており、その大半が窯業系サイディングだと思います。メリットがあるからこそ多用されるものですが、そのメリットは長期的に見ると変わってくるものです。詳細を説明する前に、まずは次の表で**窯業系と金属系**の特性を見てみましょう。

【表1】サイディングの窯業系と金属系の比較

	窯業系	金属系
初期費用	平米4,000～7,000円 30坪40～70万円	平米7,000～1万円 30坪70～100万円
種類	豊富	限られている
耐久性	低い	高い
メンテナンス頻度	10～20年に1回	20～40年に1回
メンテナンスコスト	60年間で 300～600万円	60年間で 100～300万円
補足	・地震の衝撃に弱い ・ボールが当たるなどの衝撃に比較的強い ・劣化すると張り替えの可能性もある	・地震の衝撃に強い ・ボールが当たるなどの衝撃に弱い ・汚れにくい

金属系サイディング（ガルバリウム鋼板）の外壁。

初期費用だけを見ると窯業系サイディングのほうが魅力ですが、メンテナンスまでを考えると逆の結果になります。

また、**窯業系は劣化すると水を含み、ほかの建材まで悪影響を及ぼすことがあり、張り替えが必要になることもあります。**メンテナンスは建材の費用だけでなく、業者とのやりとりなど手間もかかって面倒ですよね。

窯業系はデザインが豊富で人気なのは確かですが、塗装がはがれるとその見た目は落ちていきます。

このように**長期的に見ると金属系サイディングの優位性が高い**といえるのです。

補足ですが、窯業系サイディングを少しでも長持ちさせる方法があります。それは板を縦に張っていくこと。水は高いところから低いところへと流れるので、縦に張ることで漏水リスクを抑えられるわけです。また建材は伸び縮みする特性がありますが、縦に張ることでその影響も減らすことができます。これは施工業者の技術に関わることですが、知識として持っておいてください。

業者の仕入れの状況を把握しておくことも重要なポイントです。家のいたるところでデザイン性を追求したい人もいるでしょう。デザインは快適な暮らしの大切な要素です。ただ、注意すべきこともあります。

例えばタンクレストイレ。水をためておくタンクがなく、電気で水を流すシステムのトイレです。タンクがないことでシンプルなビジュアルになり、そのデザイン性を好む人もいます。ただし、**故障した場合、トイレごと換えなければならない**こともあり、当然費用が発生します。そのときに買ったものと**同じ製品があるという保証もありません。**

もう一例紹介します。キッチンのキャビネットです。木製、ステンレス、ホーローという素材の違いがあります。**初期費用は木製が一番安いのですが、水に弱いので傷みやすいのがネック**ですね。こちらも長期的に見ると、買い替えのリスクが低いステンレスやホーローの優位性が高いことになります。

ここで注目してほしいのが、木製が安いというのはあくまでも傾向であること。実は**住宅会社によって仕入れ価格が違う**のです。木製よりもステンレスやホーローのほうが安いケースがあるかもしれません。これは住宅会社とキッチン業者との取引関係によるものです。

もし、ステンレスのデザイン性が気に入っており、初期費用が安く抑えられるなら、メンテナンスのことを含めるとグッドな選択になりますよね。

○太陽光パネルを支える屋根の素材

太陽光発電の魅力はとことんお伝えしてきました。ただ、その恩恵を受けられなくなるケースもあります。

ここでは太陽光パネル自体の劣化ではなく、それを支える屋根の建材に着目します。

屋根にもガルバリウム鋼板を使用した家。

結論からお伝えします。太陽光パネルとカラーベスト（商品名）の組み合わせはメンテナンスにかかるコストを考慮したうえでの判断をしてください。

初期費用を抑えるためにカラーベストを選択することがありますが、この建材は繰り返し塗装しながら維持させることが前提です。塗装のし直し、修繕などを行うたびに太陽光パネルを取り外すことになり、大掛かりな工事になります。もちろん費用もかかります。

それを解消するのにおすすめの建材が、**ガルバリウム鋼板の立平ロック**という仕様。1枚の板なので継ぎ目がないため防水性に優れています。

また、専用の金具で設置するためビスは使いません。よってビスのところからの漏水の心配もないのです。

初期費用が高くなってもメンテナンスのことを考えれば、費用対効果の高い建材といえるでしょう。

また、太陽光発電は10ｋＷ以上をつけることで投資回収効率がよくなることもお伝えしました。そのため重量が大きくなることを考えてもガルバリウム鋼板の立平ロックの優位性が高いのです。


こうした基盤が整ったうえで耐久性の高い太陽光パネルやパワーコンディショナーを選んでください。

このように初期費用の捉え方を変えると、家づくりのトータルコストはぐっと下げることができます。他所《よそ》の家から学べることもたくさんあります。ある程度の知識を持って街の住宅を見ていると、気づくこともたくさんあり、それも家づくりの楽しみのひとつです。

住宅会社選びをする際は、自分の基準を持って一つひとつをチェックし、相対的な判断ができるとよいでしょう。

外観のリフォームで美観アップ

家の構造や性能をリフォームで変えるのは大掛かりな工事と費用がかかりますが、外観をリフォームするだけでも家の価値を高められます。美観を高めることはメンテナンスにもつながります。ここではリフォームしやすい部分を紹介していきます。

○外壁、窓、屋根の刷新はメンテナンスの延長にある

木材は経年変化によって、また違った風情が出てきて魅力を感じますよね。一方で現在中心になっている資材の経年変化は劣化の印象しかありません。先に外壁について説明しましたが、メンテナンスするときに修繕ではなく、資材自体を刷新してはいかがでしょうか？

修繕の多くは塗装ですが、これにも費用は発生します。**塗装によって耐久力は高まりますが、資材の品質を向上させたわけではありません。**15年後ぐらいにはまた修繕することになり、その後に結局、修繕するか、資材を刷新するかの判断を迫られることになります。

その判断は早いほうがよい場合があります。漏水対策によってほかの資材の劣化を防ぐことになりますし、なにより見た目がぐんとよくなります。新築のころの新鮮な感情をもう一度味わってみましょう。

資材の変更は先に紹介した**金属系サイディングをおすすめ**します。費用は221頁の表を参考にしてください。想定外の費用になりますが、その後のメンテナンスコストを見ると、そこまでの損失にはならないと思います。もちろんその後に住む年数によっても捉え方は変わってきます。

外壁を刷新するのであれば、壁の色を変えてはいかがでしょうか？　白色の壁は汚れが目立ちやすいです。かといって黒色にすると熱の吸収力が高くなるので夏場は断熱性が落ちてしまいます。もちろん断熱性の高い家であれば、そこまでの心配はないでしょう。断熱性と美観を照らし合わせて判断してください。

外壁を刷新する際は、窓の刷新も検討してください。もちろん窓の位置を変えるのは大掛かりな工事なので現実的ではないかもしれません。**リフォームでは現在の窓やサッシを一新する**のです。

これまでの暮らしで窓をどう扱ってきたかを振り返ってみてください。すべての窓を同じように開閉していましたか？　場所によってはほとんど開閉していない窓があるかもしれませんね。日射と通風の目的だけなら別の種類の窓を選択し、美観を変えることができます。

日本の住宅の多くは引き違い窓（2枚の窓を左右どちらにも移動させて開閉できる窓）が中心でした。実は海外ではあまりないタイプの窓です。この**窓を縦軸回転や横軸回転の窓に変えれば印象はガラリと変わります**。回転式の窓のメリットは換気量を調整しやすく、掃除がしやすいところ。この窓に合わせてサッシも変更することになるので、外装の印象も変わります。

外壁や窓の刷新と同じように、メンテナンスと美観の観点でリフォームできるのが屋根です。

屋根のリフォームのきっかけも資材の劣化です。ただ昔のように雨漏りすることはほとんどなくなりました。屋根の資材が劣化してもその下に防水シートが施されており、二次防水の役割を満たしているからです。とはいえ雨漏りすると大変な事態を招きますので、どこかのタイミングで修繕や取り替えが必要になることを考えたら、性能がよくデザイン性に優れたものに一新するチャンスともいえるでしょう。

耐久性に優れているといわれる日本家屋でも修繕なしに住み続けられるわけではありません。

屋根でいうと瓦《かわら》の葺《ふ》き替えが行われます。瓦は耐久性と通気性の高い優秀な資材ですが、重量があって家屋自体の耐久性や耐震性にはデメリットです。また費用が高いのも重荷になりますね。例えば1、2階合わせて32坪の住宅だとすると、屋根の面積は72平米。瓦は1平米1万2000円くらいですので、費用が約90万円になります。

一方で多くの住宅に採用されているスレートと呼ばれる資材は、1平米6000円くらいですので、同じ面積なら約45万円です。この資材が最も安価です。ただし、年数が経つと塗装が劣化してメンテナンスの頻度が高まるというデメリットがあります。メンテナンスコストが高くなるわけです。

ここでおすすめなのが先にも紹介した**ガルバリウム鋼板**。1平米8000円くらいですので約60万円とスレートより高くなりますが、瓦よりは費用を抑えられます。なにより耐久性に優れ、塗装が劣化しても漏水することがないのでメンテナンスコストを抑えられるメリットがあります。太陽光パネルの設置を考えている場合はより相性のよい屋根といえるでしょう。

もし、瓦の葺き替えを考えている場合は、ガルバリウム鋼板を検討してはいかがでしょうか。

外壁、窓、屋根の刷新は外装を様変わりさせてくれます。

気をつけたいのが、耐震性や耐久性、断熱性などの性能を低下させないことです。

もし費用に余裕があり、すべてを一気にリフォームしたなら新築時のような充実感を得られることでしょう。

さらに費用が少なくて住宅自体の印象を変えられる、建物の性能にかかわらないリフォームがあります。外構です。

敷地に**植栽を取り入れるだけで印象が大きく変わってきます。**美観は家屋と敷地のトータルで生まれてくるものです。もっと広域に考えるなら、その地域の住宅に合うような外装や外構を意識するとよいでしょう。

家づくりの正しい手順リスト

方向性検討	1	□	現在の住居費を算出する(家賃・ローン・光熱費・メンテナンス費用・固定資産税など)
	2	□	現在の住居のメリット・デメリットを把握する
	3	□	アパートに住み替えるか、新築戸建てを建てるのか、中古戸建て、マンション購入かなど方向性を検討する
	4	□	現状維持なら99へ
	5	□	新築戸建て注文住宅なら10へ
	6	□	新築建売なら10へ(新築注文住宅の流れをヒアリングやプラン提案を飛ばして確認する)
	7	□	中古戸建てなら10へ(新築注文住宅の流れをヒアリングやプラン提案を飛ばして確認する)
	8	□	リフォームなら108へ
	9	□	マンションなら10へ(新築注文住宅の流れをヒアリングやプラン提案を飛ばして確認する)プラス130～135を確認
人生計画	10	□	家づくりの目的を定めたか
	11	□	家づくりの全体の流れを理解したか
	12	□	住居のトータルコストをおおむね把握したか(建物建築費用・光熱費・メンテナンス費用・固定資産税など)
	13	□	ライフプラン作成の重要性は理解したか(家はあくまでも人生の一部、それ以外のことも考える)
	14	□	自分たちの現状の資産状況を把握しているか(現金・保険・株・債権・不動産・借入など)
	15	□	自分たちの現状の月々の収入や支出を把握しているか
	16	□	自分たちの今後の月々の収入や支出を予測できるか
	17	□	ライフプランを作成したか
	18	□	ライフプランのコストに住まいが変わることによる光熱費増減分が含まれているか
	19	□	ライフプランのコストに住宅のメンテナンス費用が含まれているか(月1～3万円、素材・工法により変動)

	20	□	ライフプランのコストに固定資産税の費用が含まれているか
	21	□	ライフプランのシミュレーションは支出は多め、収入は少なめで作成されているか
	22	□	ライフプランの内容は夫婦が納得する内容のプランニングか（働き方・教育方針・旅行・趣味・引退計画など）
会社比較	23	□	HP・SNSなどで住宅性能（耐震性・耐久性・断熱性・省エネ性）についてなにも書いていないところは訪問を避ける
	24	□	完成見学会やモデルハウス見学に参加（実際に建てた人が住むことになるリアルな見学会が望ましい）
	25	□	施工の品質管理の方法の説明を受けて納得できたか
	26	□	構造計算を行っている会社か確認したか（許容応力度等計算が望ましい）
	27	□	工事中の現場案内をしてもらったか
	28	□	宿泊体験で性能や住み心地を確認できたか（体験できる場合は積極的に参加すると後悔のない家づくりにつながる）
	29	□	光熱費がどのくらいなのかデータを確認できたか（月7,000～15,000円くらいまでが理想の範囲）
借入	30	□	資金計画をライフプランに反映させて検討したか（夫婦のうち年少の方が100歳のときに資産が残っているか）
	31	□	事前審査をしたか、借入額の上限を確認したか（住宅会社に代行してもらうのがおすすめ）
	32	□	固定金利と変動金利の違いを理解して適切に選択できるか
	33	□	一番金利の支払いが少なくなる金融機関の金融商品を把握したか（金利・手数料・保証料・つなぎ融資手数料を合算）
家ヒアリング	34	□	家づくりの関係者全員の希望を確認したか（特に決定権がある人の意見は最初から取り入れておくこと）
	35	□	家づくりの希望をプラン作成者に伝えたか（間取りの大きさなどではなく生活したいイメージを伝える）
	36	□	いつまでに入居したいのか建築のスケジューリングをしたか（8か月以上かかることを念頭に入れて計画）

	37	□	家づくり全体の資金計画を何パターンも作成してさまざまな可能性を考えたか（建物の予算・土地の予算）
土地探し	38	□	不動産会社を本気にさせるポイントは理解したか（住宅会社を通じて交渉、要望と期日を明確にする。多くても3社まで）
	39	□	土地情報を不動産会社に探しにいったか（住宅会社の担当と一緒にいくのが望ましい）
	40	□	指定した条件ならすぐに土地購入する意思を伝えたか
	41	□	土地を購入する準備ができているか（住宅会社が決まっているか・事前審査が通っているかまたは現金で購入できるか）
	42	□	土地探しに時間がかかると、結果、費用（家賃・金利コスト）がかかることは理解したか
	43	□	その土地は大きすぎないか確認したか
	44	□	その土地の予算は資金計画から大きく外れていないか（差額が大きい場合はライフプランで再確認する）
	45	□	その土地のまわりに嫌な人がいないか（庭が片づいているかチェック・近隣にあいさつしながら確認しておく）
	46	□	その土地は擁壁が崩れることがないか（交換の必要がある場合は交換コストも考えて購入の検討をする）
	47	□	その土地は擁壁工事が必要か。必要な場合はおよその金額を確認したか（メンテナンス費用も見込んでおく）
	48	□	その土地に引き込める電線はあるか。ない場合は無料で引き込めるか自費になるのか確認したか
	49	□	その土地の境界杭《くい》を確認できたか（ない場合は事前に境界確定してから購入すること）
	50	□	その土地は道路に2m以上接しているか（旗竿地の場合は共有できる土地があるか）
	51	□	その土地は地中にガラなどが入っていないか、土壌汚染がないか（地主との直接取引だと説明がなされない場合がある）
	52	□	その土地の価格は相場とかけ離れていないか（相場より安い場合も理由を考えること）

	53	□	その土地の災害履歴を確認したか
	54	□	その土地に建築条件がついているか(ついている場合は土地価格が安くても建物で費用を上乗せされる場合もある)
	55	□	土地の取引で手数料ゼロ円のデメリットを理解したか(宅建業者が絡まない取引の場合借り入れできないことがある)
	56	□	土地の取引で営業担当者に強引に誘導されず自分で納得しているか
	57	□	その土地のその他のコストをすべて把握しているか(水道引き込み・地盤改良・擁壁設置・申請・解体・造成などの費用)
	58	□	その土地でどのような建物が建つのか建築担当者にアドバイスは受けたか(日当たりや駐車場・庭などの配置)
	59	□	その土地の地盤リスクを理解したか
	60	□	地盤改良が必要な場合はその方法を検討したか(液状化・環境負荷・資産価値の目減りリスクも考慮)
	61	□	その土地が気に入ったら買い付け証明を売り主に送付したか
	62	□	重要事項の説明を事前に受けたか(内容に問題ないか住宅会社の担当に確認してもらったか)
	63	□	土地の売買契約を行う(いつまでに土地の決済をすればいいのか確認)
プラン提案	64	□	家のプラン提案を受ける
	65	□	そのプランの家事動線はどうか
	66	□	そのプランはプライバシーの配慮がなされているか
	67	□	そのプランは通風計画が考えられているか(初夏・残暑のときに卓越風を取り込めるのか※都市部は例外)
	68	□	そのプランは日照計画がなされているか(夏の日は遮り・冬の日は取り込めるのか)
	69	□	そのプランは収納計画が適切か(必要な場所に必要なだけ)
	70	□	そのプランの詳細見積もりを受け取って内容を把握したか
	71	□	そのプランの詳細な設備や仕様を確認したか

プラン提案	72	□	そのプランを3Dで立体的に把握しているか
	73	□	太陽光発電を検討したか（トータルコスト・回収期間・さまざまなリスク・リターンの金額の算出）
	74	□	建物の内観・外観のイメージを把握したか
契約	75	□	契約内容を事前に受け取ったか
	76	□	契約約款は確認して意味を理解したか
	77	□	支払い条件を確認したか（事前に多く支払いすぎる内容ではないか）
	78	□	工事の着工・完工時期は希望にそっているか
	79	□	施工品質や性能について約束する内容になっているか
	80	□	住宅ローンを夫婦で借りる場合は連名になっているか（住宅ローン控除で有利になり控除額が増えることがある）
	81	□	本契約をかわす（原本を受け取ったか）
引き渡しまで	82	□	住宅ローンの本審査申し込みをしたか
	83	□	土地の決済・建物契約金・建物着工金のつなぎ融資または現金の用意ができているか
	84	□	地鎮祭の手配は済んだか（住宅会社に頼む場合が多い）
	85	□	地鎮祭当日か地鎮祭前に近隣あいさつに回ったか
	86	□	上棟式の段取りや準備する物を把握したか
	87	□	上棟後の打ち合わせの予定を確保したか（いつまでになにを決めるのか締め切りを把握しているか）
	88	□	火災保険の提案は受けたか
	89	□	夫婦で万が一のことが起こっても対応できるように保険の検討をしなおしたか（団体信用生命保険に入ると保険の必要額が変わる）
	90	□	表示登記・保存登記の段取りはできたか（住宅会社が代行して手続きすることが多い）
	91	□	引っ越しの段取りはしたか
	92	□	引き渡し前日までに融資実行の段取りができたか

	93	□	引き渡し後のメンテナンス計画を理解したか
	94	□	建物の使い方の説明を受けたか（設備・換気・窓・日射の取り込み・日射の遮蔽）
	95	□	現場の施工記録を受け取ったか（隠蔽されてしまう箇所の写真は証拠として残しておくことが望ましい）
	96	□	引渡し前に工事の仕上がりを確認して傷や図面通り施工されているかの確認ができたか
	97	□	仕上がりに問題がなければ引き渡しを受ける
	98	□	引っ越し後のあいさつ回りをしたか
引き渡し後の住まい方	99	□	シロアリを防ぐために床下換気の換気量を確保する（基礎の近くにものを置かない）
	100	□	夏は外付けブラインド、シェード、シャッター・カーテンなどで直射日光を防いで冷房エネルギーを削減できているか
	101	□	冬はカーテンを開けて日射取得して暖房のエネルギーを削減できているか
	102	□	冬はお風呂場や脱衣所の温度を室温と同じように温めてヒートショックを防ぐ
	103	□	光熱費がどのくらいか定期的に確認して節電意識を持つ（300～400kWh程度ならとても優秀）
	104	□	太陽光発電が想定通り発電しているか確認する（自家消費分もあるので気をつける）
	105	□	メンテナンス計画を把握しておき愛着を持って大切に住まう
	106	□	訪問販売業者に気をつける（別業者がなにか施工すると瑕疵担保の保証が切れてしまうこともある、訪販は詐欺も多い）
	107	□	1～3年に一度はライフプランを見直してズレがないか確認する
リフォーム	108	□	建物の状況を調査する（耐震性・耐久性・断熱性・省エネ性）
	109	□	あと何年住むのか検討してどこまで投資するか確認する
	110	□	ライフプランに落とし込んで問題ないか確認する（10～22で確認する）

リフォーム	111	□	ライフプランが問題なければリフォームの計画を進める
	112	□	リフォーム会社の比較検討(建物を建てた会社に依頼することが望ましい。建設業許可があるか、新築の実績があるか。訪問販売は避ける)
	113	□	リフォーム会社の提案には長期的な目線があるか(トータルコストで考えてくれているか)
	114	□	性能向上には補助金が出ることが多いので情報収集して活用する(断熱性・省エネ性・バリアフリーなど)
	115	□	借り入れする場合は銀行に相談する(リフォーム会社が相談に乗ってくれる場合がある)
	116	□	1981年5月以前に建てられた建物は確実に耐震補強が必要なことを理解しているか
	117	□	現状の光熱費がどのくらいか確認して断熱・省エネリフォームの費用対効果を考えているか
	118	□	雨漏りや湿気などにより建物が傷んでいないか
	119	□	カビなどで住居環境が悪くなっていないか
	120	□	高額リフォームになる場合は新築に建て替えたほうがいいこともあるので再検討する→23へ
	121	□	提案者の住宅の知識は豊富だと思えるか
	122	□	見積もりは一式表記ばかりになっていないか(細かく指定がないとどこまで入っているかわからない)
	123	□	どこまで調査していて見積もりが出されているか(床下・天井裏を確認していない場合は追加費用がかかることも)
	124	□	見積もりの仕様書は明確になっているか(工事内容・素材・設備の品番など)
	125	□	どのようにリフォームされるかイメージがつくか(3Dパースなどで確認できることが望ましい)
	126	□	工事内容は耐震性・耐久性・断熱性・省エネ性の観点から考えてコストバランスが取れているか
	127	□	追加変更で金額が増減するポイントを理解しているか、その金額が許容範囲で収まりそうか

	128	□	支払い条件を確認したか（前払いが多すぎる場合は注意が必要）
	129	□	契約書の内容をしっかりと理解できているか（金額・工事内容・工期・約款の内容など）
マンション	130	□	マンション購入の場合は管理費・修繕積立金・内装メンテナンス費用が掛かることを理解してトータルコストで検討する
	131	□	出口の売却は築年数が50年を超えると買い手がつかなくなるリスクが戸建てより大きいことを理解する
	132	□	空室が増えると管理費や修繕積立金の負担が増えるリスクも理解しておく
	133	□	戸建てと違い土地の持ち分が少ないので価値がなくなり大きく資産価値を下げる可能性もある
	134	□	駐輪場・駐車場・ゴミ置き場がキレイに整理されているか（住民の質や管理組合が機能しているかが確認できる）
	135	□	市場の相場価格とかけ離れていないか確認したか（高くても低くても何らかの理由があるはずなので確認）

おわりに

最後まで読んでいただきありがとうございました。本書でお伝えしたいのは、家を選択する際に、みなさんには楽しんでライフプランも立てていただきたいということです。どうしても費用などの条件が先行してしまい、理想や夢を見失ってしまいがちです。

本書ではさまざまな選択のヒントを提案しましたが、やはり最もおすすめできるのは高性能住宅です。

耐久性、耐震性が高い家は安心です。断熱性、通気性、気密性、省エネ性は家の寿命を伸ばすとともに住む人に快適性をもたらします。その住まいは子どもたちの未来、さらには地域の未来にまで続きます。

高性能住宅の利点は多くの人にご理解いただけると思いますが、費用の面であきらめる人もいます。本書では高性能住宅でも費用を抑えられることも重点的にお伝えしてきました。

家づくりにはたくさんの知識が必要です。新築やリフォーム、リノベーションを考えられている方は、ライフプランを作成する際、改めて本書を開いていただければと思います。

本書は編集のセトオドーピス、ＫＡＤＯＫＡＷＡの小川和久さんをはじめ、たくさんの方々にご協力いただき出版の運びとなりました。そして一緒によい家をつくってくれている社員や、家づくりを託してくれた多くのお客さまがいたからこそ、実用性のある内容にすることができました。ともに切磋琢磨《せっさたくま》して学んできた住宅実務者の仲間にも助けられました。この場を借りて感謝の念をお伝えさせていただきます。

そして、私の支えである妻と子どもたち、愛犬に感謝の意を捧《ささ》げます。私にとっては家族がいなければ、私の家づくりも人生も意味をなさなくなります。家づくりの最終目標はそこに住む人の豊かな生活の実現であり、家はその先にある幸せな未来の礎だと思います。

この本を通じて、みなさまがそれぞれの幸せな人生を歩んでいただけることを心より祈っております。
価値の高い素敵な住まいであふれる日本を夢見て。

平松《ひらまつ》 明展《あきのぶ》

ここまで読み進めてくれた
あなたのためだけに
プレゼントを用意しました。

職人社長の活動の紹介とともに、ずっと快適な家を手に入れるための具体的な行動を始める方法をお伝えしていきます。

最新のアップデートがあった際にはその情報をお送りいたします。
1、二次元コードまたはURLからアクセス
https://www.hiramatsu-kenchiku.jp/media
2、LINE/サイトをご覧ください
※2023年12月現在の情報です。
※PC・スマートフォン対象。システム等の事情により予告なく公開を終了する場合があります。
※本コンテンツは平松建築株式会社が管理・運営するものとなります。株式会社KADOKAWAではお問い合わせ等をお受けしていません。

平松建築株式会社 https://www.hiramatsu-kenchiku.jp
Instagram https://www.instagram.com/hiramatsu__kenchiku
TikTok https://www.tiktok.com/@hiramatsu__kenchiku
Facebook https://www.facebook.com/hiramatsu-kenchiku.jp

YouTube「職人社長の家づくり工務店」
https://www.youtube.com/@hiramatsukenchiku

デザイン	東京100ミリバールスタジオ
DTP	エヴリ・シンク
イラスト	長野美里
写真提供	平松建築
校正	パーソル メディアスイッチ BPO推進部 校閲グループ
編集	セトオドーピス
編集担当	小川和久(KADOKAWA)

著者紹介
平松明展（ひらまつ　あきのぶ）
平松建築株式会社代表取締役。建築歴23年。19歳から大工として10年間で100軒以上の住宅を解体、修繕し、住宅の性能の特徴を理解する。2009年創業。会社経営を行いながらもドイツを訪れて省エネ住宅を学ぶほか、地震後の現地取材を行い、気候風土に合った家づくりの研究を行う。YouTube チャンネル「職人社長の家づくり工務店」（登録者数は10万人以上）も配信中。

住《す》まい大全《たいぜん》

ずっと快適《かいてき》な家《いえ》の選《えら》び方《かた》、つくり方《かた》、暮《く》らし方《かた》

2023年12月28日　初版発行
2024年 9 月 5 日　6版発行

著　者　平松明展《ひらまつあきのぶ》
発行者　山下直久
発　行　株式会社KADOKAWA
〒102-8177 東京都千代田区富士見2-13-3
電話 0570-002-301（ナビダイヤル）
印刷所　TOPPANクロレ株式会社
製本所　TOPPANクロレ株式会社

※本書の無断複製（コピー、スキャン、デジタル化等）並びに無断複製物の譲渡および配信は、著作権法上での例外を除き禁じられています。また、本書を代行業者等の第三者に依頼して複製する行為は、たとえ個人や家庭内での利用であっても一切認められておりません。

〔お問い合わせ〕
https://www.kadokawa.co.jp/（「お問い合わせ」へお進みください）
※内容によっては、お答えできない場合があります。
※サポートは日本国内のみとさせていただきます。
※Japanese text only

定価はカバーに表示してあります。
©Akinobu Hiramatsu 2023 Printed in Japan
ISBN 978-4-04-606576-6 C0077